Holger Lindemann

# Das Kartenset zur Systemischen Heldinnen- und Heldenreise

86 Bild- und Strukturkarten für Beratung, Coaching und Therapie

Vollständig überarbeitete und erweiterte Neuauflage inkl. Online-Booklet

V&R

Mit Illustrationen von Daniel Bauer

Das Bildkartenset ergänzt den Band »Die Systemische Heldinnen- und Heldenreise. Modelle und Methoden narrativer Praxis in Beratung, Coaching und Therapie« und unterstützt die praktische Arbeit mit den dort ausführlich beschriebenen Modellen.

Das Kartenset enthält insgesamt 86 großformatige Karten:
10 Bildkarten zu den Phasen der Heldinnen- und Heldenreise,
8 Bildkarten zu den Archetypen der Heldinnen- und Heldenreise,
6 Bildkarten für die Arbeit mit den logischen Ebenen,
5 Bildkarten für die Arbeit mit den Persönlichkeitsanteilen,
14 Bildkarten zu den Archetypen der Heldinnen und Helden.
Jede Bildkarte wird durch eine Karte mit Beispielfragen und Hinweisen ergänzt.

Das Online-Booklet finden Sie im Verlagswebshop beim Kartenset im Downloadbereich.
Code: Wavm323t

Das Buch zum Kartenset:
ISBN 978-3-525-40022-7

Bibliografische Information der Deutschen Nationalbibliothek:
Die Deutsche Nationalbibliothek verzeichnet diese Publikation in der Deutschen Nationalbibliografie; detaillierte bibliografische Daten sind im Internet über https://dnb.de abrufbar.



Umschlagabbildung und Illustrationen: © Daniel Bauer

Satz: Daniel Bauer, info@ligatur-berlin.de
Druck: GrafikMediaProduktionsmanagement GmbH, Köln
Printed in the EU

**Vandenhoeck & Ruprecht Verlage | www.vandenhoeck-ruprecht-verlage.com**

ISBN 978-3-525-40024-1

○ DIE GEWOHNTE WELT

PHASEN DER REISE – BILDER

PHASEN DER REISE – BILDER

PHASEN DER REISE – BILDER

PHASEN DER REISE – BILDER

# ◯ DIE GEWOHNTE WELT

- Welche Personen gehören zu dieser Geschichte?
- Welche Orte und Gegenstände spielen in der gewohnten Welt eine Rolle? Was ist die Ausgangssituation der Reise?
- Wie ist es hier und jetzt? Was ist das Problem?
- Was steht auf dem Spiel?
- Welche Annehmlichkeiten bietet die gewohnte Welt?
- Welche Unannehmlichkeiten hält die gewohnte Welt bereit?
- Was bedeutet für Sie Heimat?
- Beschreiben Sie Ihre gewohnte Welt? Welche Annehmlichkeiten und welche Probleme gibt es dort?
- Welche Freundinnen und Freunde gibt es dort und welche Widersacherinnen und Widersacher?
- Wollen Sie Ihre gewohnte Welt verlassen? Oder müssen Sie gar von dort weg?
- Was wirft seinen Schatten auf Ihre gewohnte Welt?
- Wenn Sie sagen müssten, wie wichtig Ihnen zurzeit Veränderung ist, welchen Wert zwischen 1 und 10 würden Sie angeben, wenn 1 »eher unwichtig« und 10 »sehr wichtig« bedeutet?
- Wenn Sie sagen müssten, wie wichtig Ihnen aktuell Stabilität ist, welchen Wert zwischen 1 und 10 würden Sie angeben?
- Stellen Sie sich bitte einmal an einen Ort hier im Raum, der Ihre gewohnte Welt symbolisiert. Spüren Sie sich dort in Ihre gewohnte Welt ein. Welche Körperempfindungen nehmen Sie wahr? Wo in Ihrem Körper entsteht diese Empfindung? Und wie würden Sie diese Empfindung der gewohnten Welt beschreiben (auch bildlich, als Farbe, Form, Größe, Bewegung etc.)?

PHASEN DER REISE – FRAGEN

PHASEN DER REISE – FRAGEN

PHASEN DER REISE – FRAGEN

PHASEN DER REISE – FRAGEN

DER RUF DES ABENTEUERS

PHASEN DER REISE – BILDER

PHASEN DER REISE – BILDER

PHASEN DER REISE – BILDER

PHASEN DER REISE – BILDER

# DER RUF DES ABENTEUERS

- Was in der gewohnten Welt kündigt eine Veränderung an?
- Was ist die Motivation für das Abenteuer?
- Wer oder was ruft Sie zum Abenteuer?
- Welche treibenden Kräfte und inneren Stimmen gibt es, die zur Veränderung drängen?
- Welche äußere Stimmen gibt es, die Sie zum Aufbruch rufen?
- Was genau rufen diese inneren und äußeren Stimmen?
- Welche Namen können Sie den verschiedenen inneren und äußeren Stimmen geben?
- Können Sie die inneren Stimmen, die zum Abenteuer rufen, in Ihrem Körper lokalisieren? Wo spüren Sie den Ruf?
- Spüren Sie den Ruf an mehreren Stellen in Ihrem Körper? Vernehmen Sie vielleicht sogar verschiedene Rufe in sich?
- Welcher Ruf kommt von Ihrem Kopf? Welcher aus Ihrem Herzen? Welcher aus Ihrem Bauch?
- Warum soll die Heldin oder der Held das Abenteuer auf sich nehmen und nicht jemand anderes?
- Wer hört außer Ihnen noch den Ruf zum Abenteuer?
- Wer in Ihrem Umfeld würde als erstes sagen: »Verändere etwas!«
- Für wen wäre Ihr Aufbruch in dieses Abenteuer von Vorteil?
- Wollen Sie hin zu etwas oder weg von etwas?
- Wie stark ist der Ruf auf einer Skala von 1 bis 10?
- Wann haben Sie den Ruf zum ersten Mal vernommen?

PHASEN DER REISE – FRAGEN

PHASEN DER REISE – FRAGEN

PHASEN DER REISE – FRAGEN

PHASEN DER REISE – FRAGEN

DIE WEIGERUNG

PHASEN DER REISE – BILDER

PHASEN DER REISE – BILDER

PHASEN DER REISE – BILDER

PHASEN DER REISE – BILDER

# ○ DIE WEIGERUNG

- Was würde passieren, wenn sich nichts ändern würde?
- Was wären gute Gründe, nichts zu verändern?
- Was soll so bleiben, wie es jetzt schon ist?
- Welche Ängste könnten den Helden oder die Heldin zurückhalten?
- Welche inneren und äußeren Stimmen fordern Sie auf, zu bleiben?
- Was genau sagen diese inneren Stimmen?
- Was sagen diese äußeren Stimmen?
- Welche Verführungen gibt es, sich nicht auf das Abenteuer einzulassen?
- Was befürchten Sie, könnte fehlschlagen, wenn Sie dieses Abenteuer angehen?
- Können Sie die Weigerung in Ihrem Körper lokalisieren? Wo spüren Sie sie?
- Für wen wäre Ihr Aufbruch in dieses Abenteuer von Nachteil?
- Welche Personen aus Ihrer Umgebung würden Ihnen von diesem Abenteuer abraten?
- Was würden diese Personen als Gründe aufführen?
- Wie stark ist Ihre Weigerung auf einer Skala von 1 bis 10?
- Wenn Sie sich nun vorstellen, der Ruf des Abenteuers läge in einer Ihrer Hände und die Weigerung läge in der anderen: Was wöge schwerer?
- Stellen Sie sich bitte einmal aufrecht hin, schließen Sie die Augen und wägen Sie mit ausgestreckten Händen den Ruf gegen die Weigerung ab: Was wiegt schwerer? Was fällt Ihnen leichter? Was müsste passieren, um das Gewicht der Weigerung zu erhöhen? Was müsste passieren, um es zu verringern?

PHASEN DER REISE – FRAGEN

PHASEN DER REISE – FRAGEN

PHASEN DER REISE – FRAGEN

PHASEN DER REISE – FRAGEN

BEGEGNUNGEN MIT MENTORINNEN UND MENTOREN

PHASEN DER REISE – BILDER

PHASEN DER REISE – BILDER
PHASEN DER REISE – BILDER
PHASEN DER REISE – BILDER

## ○ BEGEGNUNGEN MIT MENTORINNEN UND MENTOREN

- Welche Personen in Ihrem Leben haben Sie bisher unterstützt, waren Lehrmeisterin, Vorbild oder Trainerin für Sie?
- Wer kann Ihnen Informationen geben, um Sie auf das Abenteuer vorzubereiten?
- Welche Werkzeuge oder technischen Hilfsmittel könnten Mentorinnen und Mentoren dem Helden oder der Heldin mit auf den Weg geben?
- Wenn Sie magische Gegenstände erhalten könnten, wie sähen diese aus und welche Fähigkeiten hätten sie?
- Woher nehmen Sie den Antrieb und die Motivation, das Abenteuer auf sich zu nehmen?
- Wer könnte Sie für die bevorstehenden Aufgaben trainieren?
- Über welche Fähigkeiten, Talente und Kompetenzen verfügen Sie selbst bereits?
- Wer oder was unterstützt Sie bei Ihrem Vorhaben: Personen, frühere Lehrmeisterinnen, ein Krafttier, eigene Stärken und Ressourcen?
- Angenommen drei gute Hexen träten zu Beginn der Reise auf Sie zu und jede würde Ihnen eine Gabe mit auf den Weg geben, die Ihnen hilft, das Abenteuer zu bestehen, welche Gaben wären das?
- Wenn ein Mentor Ihre Wahrnehmung für die Ihnen bevorstehende Reise schärfen könnte, wie würde er das tun?
- Was könnte eine Mentorin Ihnen mit auf den Weg geben, das Sie gesund und bei Kräften hält?
- Drei gute Ratschläge für dieses Abenteuer: Wie würden diese lauten?
- Wenn Sie an ein bereits bestandenes Abenteuer denken, wer und was hat Sie dabei unterstützt, es zu bestehen?
- Wer könnte eine treue Gefährtin oder ein treuer Gefährte auf Ihrer Reise sein?
- Wie könnten Sie andere um Hilfe und Unterstützung bitten?

PHASEN DER REISE – FRAGEN

PHASEN DER REISE – FRAGEN

PHASEN DER REISE – FRAGEN

PHASEN DER REISE – FRAGEN

DAS ÜBERSCHREITEN DER ERSTEN SCHWELLE

PHASEN DER REISE – BILDER

PHASEN DER REISE – BILDER

PHASEN DER REISE – BILDER

PHASEN DER REISE – BILDER

# ○ DAS ÜBERSCHREITEN DER ERSTEN SCHWELLE

- Wo verläuft die Grenze zwischen der gewohnten Welt und der Welt der Abenteuer?
- Was wäre der erste kleine Schritt der Veränderung?
- Was wäre der nächste kleine Schritt?
- Mit welchem Ritual oder welcher Geste könnten Sie diese erste Schwelle überschreiten?
- Wie gestalten der Held oder die Heldin und andere Beteiligte den Abschied vom Bisherigen?
- Wie und wem verkünden Sie, dass nun ein Abenteuer für Sie beginnt?
- Was könnte in allerletzter Sekunde noch schiefgehen?
- Welche Fallstricke könnten bei der Überschreitung der ersten Schwelle auf Sie warten?
- Was wollen Sie sich aus der gewohnten Welt bewahren und mit auf Ihre Reise nehmen?
- Was oder wen nehmen Sie mit auf Ihr Abenteuer?
- Was soll zurückbleiben?
- Von wem müssen Sie sich verabschieden?
- Wem wird Ihr Aufbruch ins Abenteuer schwerfallen?
- Wenn das Überschreiten der ersten Schwelle mit einem großen Fest gefeiert würde: Wie würde dieses Fest aussehen?
- Wenn Sie sich heimlich in dieses Abenteuer schleichen würden, sodass niemand es richtig mitbekommt: Wie würden Sie das anstellen?

PHASEN DER REISE – FRAGEN

PHASEN DER REISE – FRAGEN

PHASEN DER REISE – FRAGEN

PHASEN DER REISE – FRAGEN

BEWÄHRUNGSPROBEN

PHASEN DER REISE – BILDER

PHASEN DER REISE – BILDER

PHASEN DER REISE – BILDER

PHASEN DER REISE – BILDER

# ○ BEWÄHRUNGSPROBEN

- Was sind mögliche Stolpersteine und Rückschläge auf Ihrem Weg, was wären Meilensteine und Erfolge?
- Was sind äußere und innere Hindernisse auf Ihrer Reise?
- Welche Hindernisse und Schwellen müssen Held oder Heldin überwinden?
- Wie und mit wessen Hilfe können diese überwunden werden?
- Auf welche Gegenspielerinnen und -spieler könnten die Heldin oder der Held treffen?
- Wer oder was wird sich Ihnen in den Weg stellen?
- Welche Verbündeten könnten hilfreich zur Seite stehen?
- Welche Gaben der Mentorinnen und Mentoren helfen Ihnen hierbei?
- Wie kündigen sich Herausforderungen und Schwellen an?
- Was können der Held, die Heldin und ihre Verbündeten tun, um sich darauf vorzubereiten?
- Angenommen, Sie hätten genau drei Bewährungsproben zu bestehen, welche wären das?
- Wie würden Sie bemerken, dass sie bevorstehen?
- Wer oder was, welche Gabe der Mentorinnen und Mentoren, könnte Sie dabei unterstützen, sie zu bestehen?
- Was können Sie tun, um anschließend neue Kraft zu schöpfen?
- Welche Ruhepunkte gibt es auf Ihrem Weg zum Ziel?
- Wer gewährt Ihnen unterwegs einen Ruheplatz und Unterschlupf?

PHASEN DER REISE – FRAGEN

PHASEN DER REISE – FRAGEN
PHASEN DER REISE – FRAGEN
PHASEN DER REISE – FRAGEN

○ WÜRDIGUNG ENTSCHEIDENDER PRÜFUNGEN

PHASEN DER REISE – BILDER

PHASEN DER REISE – BILDER
PHASEN DER REISE – BILDER
PHASEN DER REISE – BILDER

# ○ WÜRDIGUNG ENTSCHEIDENDER PRÜFUNGEN

**Vorausschauend:**

- Welche Vorboten könnten darauf hinweisen, dass eine entscheidende Prüfung bevorsteht?
- Was könnten die größten Stolpersteine auf Ihrem Weg sein?
- Worin bestehen die entscheidenden Herausforderungen für Sie?
- Welches sind die weiteren entscheidenden Schritte, die Sie vor Ihrer Belohnung gehen müssen?
- Auf welche Weise stellen Sie sich dabei Ihrem Schatten?
- Wie wollen Sie ihn überwinden: Mit Kraft? Mit einer List? Durch Beharrlichkeit?
- Welche der Gaben und Ratschläge Ihrer Mentorinnen und Mentoren, Ihrer Gefährten und Gefährtinnen werden bei diesen Prüfungen hilfreich sein?
- Wer wird darüber entscheiden, ob Sie eine entscheidende Prüfung erfolgreich gemeistert haben?
- Was würde passieren, wenn Sie scheitern?
- Welchen Gewinn hätten Sie oder andere davon, wenn Sie diese Prüfung nicht antreten oder an ihr scheitern?

**Rückblickend:**

- Welche Ihrer bisherigen Schritte oder Gedanken haben für Sie einen entscheidenden Charakter?
- Was waren die größten Stolpersteine auf Ihrem bisherigen Weg?
- An welchen Punkten Ihrer bisherigen Reise haben Sie gedacht: »Das was jetzt aber wichtig«?
- Wie ist es Ihnen dabei gelungen, sich Ihrem Schatten zu stellen?
- Welche Gaben der Mentorinnen und Mentoren und welche Gefährten und Gefährtinnen waren dabei für Sie hilfreich?
- Wenn Sie drei Anekdoten Ihrer Heldinnen- und Heldenreise auswählen müssten, um zu verdeutlichen, was Sie erreicht haben, welche wären das?
- Welche Ereignisse auf Ihrer Reise haben Ihnen Energie und Rückenwind gegeben?
- An welchem Punkt Ihrer Reise war Ihnen klar: »Jetzt habe ich es geschafft«?

PHASEN DER REISE – FRAGEN

PHASEN DER REISE – FRAGEN

PHASEN DER REISE – FRAGEN

PHASEN DER REISE – FRAGEN

○ DIE BELOHNUNG

PHASEN DER REISE – BILDER

PHASEN DER REISE – BILDER

PHASEN DER REISE – BILDER

PHASEN DER REISE – BILDER

## ○ DIE BELOHNUNG

- Wie wird es sich anfühlen, die letzte Herausforderung gemeistert zu haben und den Gewinn in Empfang zu nehmen?
- Was genau ist Ihr Gewinn?
- Was an Ihrer Belohnung stellt einen materiellen Wert dar, was an ihr ist immateriell und ideell?
- Was werden der Held oder die Heldin nach dem Bestehen der entscheidenden Prüfung in ihren Händen halten?
- Welche Bedürfnisse werden gestillt sein, wenn dieser Höhepunkt des Abenteuers erreicht ist?
- Welchen Gewinn haben die Gefährtinnen, Gefährten und andere Beteiligte?
- Was geht Ihnen als erstes durch den Kopf, jetzt, wo Sie Ihre Belohnung in den Händen halten?
- Welches Körpergefühl haben Sie in dieser Phase der Belohnung und Würdigung?
- Gibt es noch etwas, was Sie jetzt, wo Sie die Belohnung erhalten haben, gern als weiteren Gewinn hinzufügen möchten?
- Wenn Sie all das geschafft haben: Was wird dann anders sein in Ihrem Leben?
- Wer hat auf dieser Reise etwas verloren? Was genau?
- Welchen Preis haben Sie gezahlt, um diese Belohnung zu erhalten?
- Gibt es andere Personen, die auch gern die Belohnung erhalten hätten, die Sie nun bekommen?
- Was von Ihrer Belohnung könnten Sie mit anderen teilen?

PHASEN DER REISE – FRAGEN

PHASEN DER REISE – FRAGEN
PHASEN DER REISE – FRAGEN
PHASEN DER REISE – FRAGEN

DER RÜCKWEG

PHASEN DER REISE – BILDER

PHASEN DER REISE – BILDER

PHASEN DER REISE – BILDER

PHASEN DER REISE – BILDER

# ○ DER RÜCKWEG

- Wie sieht der Rückweg in den Alltag aus?
- Welche Gegner und Gegnerinnen könnte noch ein letztes Mal auftauchen?
- Wie wird die Heldin oder der Held nun als gereifte Persönlichkeit sein?
- Was hat sich für Sie verändert, was konnten Sie sich bewahren?
- Woran erkennen andere, dass der Held oder die Heldin nun eine gereifte Persönlichkeit ist?
- Welche inneren Stimmen werden nun lauter, welche werden leiser?
- Wie kann es gelingen, diesen inneren Übergang zwischen verschiedenen Persönlichkeitsanteilen zu gestalten?
- Wie bedanken sich die Heldin oder der Held bei ihren Gefährtinnen und Gefährten?
- Welche Rolle können diese, für Sie während Ihrer Reise wichtigen Personen nun für Sie erfüllen?
- Was genau müssten Sie tun und was müssten Sie lassen, damit der neue Alltag einkehren kann?
- Wer (welche inneren und äußeren Stimmen) fürchtet sich am meisten davor, dass wieder Ruhe einkehrt?
- Wer (welche inneren und äußeren Stimmen) würde sich am meisten darüber freuen?
- Wie meistern der Held oder die Heldin diese bevorstehende Ruhe oder sogar Leere?
- Welche Rituale gibt es möglicherweise, um den wiedererlangten Alltag nicht als trostlos und unangenehm zu erleben?
- Wer wird Sie dabei unterstützen, Ihren neuen Alltag zu gestalten?
- Wer könnte versuchen, Sie daran zu hindern?
- Wem möchten Sie danken? Von wem wollen Sie sich verabschieden?

PHASEN DER REISE – FRAGEN

PHASEN DER REISE – FRAGEN

PHASEN DER REISE – FRAGEN

PHASEN DER REISE – FRAGEN

DER NEUE ALLTAG

PHASEN DER REISE – BILDER

PHASEN DER REISE – BILDER

PHASEN DER REISE – BILDER

PHASEN DER REISE – BILDER

## ○ DER NEUE ALLTAG

- Was wird im »neuen Alltag«, nach dem Abenteuer, anders und was wird genauso sein wie in der »gewohnten Welt« vor dem Abenteuer?
- Auf welches Unverständnis könnte die Heldin oder der Held nach vollendetem Abenteuer stoßen?
- Wie könnten sie auf dieses Unverständnis reagieren?
- Wie wird es sein, wenn es wieder ruhiger zugeht?
- Was wollen oder müssen Sie nun, da die Reise beendet ist, nicht mehr tun?
- Wie bewahren sich der Held oder die Heldin das auf ihrer Reise Errungene?
- Was machen die Heldin oder der Held im Alltag mit ihrer Belohnung?
- Welchen Platz hat das vergangene Abenteuer im neuen Alltag des ehemaligen Helden oder der ehemaligen Heldin?
- Wem könnte der Held oder die Heldin nun selbst als Mentor oder Mentorin dienen?
- Wie wird Ihr Leben aussehen, nachdem Sie das Abenteuer bestanden und die Belohnung erhalten haben?
- Wenn Sie diesem neuen Alltag eine Überschrift oder ein Motto geben, wie würden diese lauten?
- Welche Routinen und welche Abläufe wird es in Ihrem neuen Alltag geben?
- Welche davon werden Sie genießen, welche davon werden Sie möglicherweise langweilen?
- Auf einer Skala von 1 bis 10: Wie viel Routine und Gemütlichkeit soll es in Ihrem Alltag geben?
- Auf einer Skala von 1 bis 10: Wie viel Abwechslung und Herausforderung soll Ihr Alltag für Sie bereithalten?
- Wie halten Sie die Balance zwischen Routine und Abwechslung?

PHASEN DER REISE – FRAGEN

PHASEN DER REISE – FRAGEN
PHASEN DER REISE – FRAGEN
PHASEN DER REISE – FRAGEN

# △ DIE HELDIN, DER HELD

| Ausgestoßene und Flüchtende | Lehrlinge |
| --- | --- |
| Glücksuchende | Weltenretterinnen und -retter |

- Stellen Sie sich vor, Ihr Anliegen wäre eine Heldinnen- oder Heldengeschichte: Was für eine Heldin oder was für ein Held wären Sie?
- Wie sähe Ihre Helden- oder Heldinnenoutfit aus?
- Was wären Ihre Stärken? Was wären Ihre Schwächen?
- Was treibt Sie fort von Ihrer gewohnten Welt in das Ungewisse des Abenteuers?
- Auf was sind Sie neugierig? Von welchen Sehnsüchten werden Sie angetrieben?
- Wie würde der Titel Ihrer Heldinnen- oder Heldengeschichte lauten?
- Welchem Genre würden Sie Ihre Heldinnen- oder Heldengeschichte zuordnen?
- Was wären drei fiktive oder reale Gefährtinnen und Gefährten, die Ihnen zur Seite stehen?
- Was wären drei fiktive oder reale Gefahren, denen Sie sich stellen müssen?
- Welche realen oder fiktiven Personen finden Sie besonders heldinnen- oder heldenhaft? Warum?
- Wer ist für Sie kein Held oder keine Heldin? Was zeichnet diese Personen aus?
- Wenn später, nach dem Abenteuer, ein Lied über Sie als Heldin oder Helden gesungen wird, was sollte in diesem Lied auf jeden Fall Erwähnung finden?
- Was für ein Mensch werden Sie sein, wenn Sie Ihr Abenteuer bestanden haben?

**Mögliche Fragen bei der Arbeit mit inneren Anteilen und Ego-States:**

- Welche Ihrer inneren Anteile könnten diese heldinnenhafte Rolle übernehmen? Welche Ego States wären bereit für dieses Abenteuer?
- Welche Funktionen übernehmen diese inneren Anteile für das Bestehen der Herausforderung?
- Welche inneren Anteile gibt es, die vielleicht zögern, sich weigern oder sogar aktiv gegen eine Veränderung sprechen?

**Ausprägungen von Heldinnen und Helden nach der Reise**

- Herrscherinnen und Herrscher
- Weise, Könnerinnen und Könner
- Heldinnen und Helden 2.0
- gescheiterte Heldinnen und Helden
- Märtyrerinnen und Märtyrer
- Mentorinnen und Mentoren

△ ARCHETYPEN DER REISE – FRAGEN

△ ARCHETYPEN DER REISE – FRAGEN

△ ARCHETYPEN DER REISE – FRAGEN

△ ARCHETYPEN DER REISE – FRAGEN

# △ DAS LICHT

Bewahrerinnen und Bewahrer des Lichts

Kämpferinnen und Kämpfer des Lichts

Missionarinnen und Missionare des Lichts

Gegenstände, Orte und Begegnungen des Lichts

- Welche Personen sind Stellvertreterinnen und Stellvertreter der Seite des Lichts?
- Welche Orte, Räume und Landschaften regt die Seite des Lichts in Ihnen an?
- Welche Gegenstände und materiellen Dinge zählen Sie zu Ihrer Lichtseite?
- Welche Bilder verbinden Sie mit dem Licht?
- Welche Handlungen ordnen Sie der Seite des Lichts zu?
- Welche Werte und Glaubenssätze verbinden Sie mit der Lichtseite?
- Welche Bedürfnisse verfolgen Sie, wenn Sie der Seite des Lichts nachgeben?
- Welcher Ort auf Ihrer Heldinnen- und Heldenreise ist ein Ruhepol?
- Bei wem können Sie in schlimmen Zeiten unterkriechen?
- Wem können Sie alles erzählen und sich anvertrauen?
- Wer begleitet den Helden oder die Heldin auf ihrer Reise?
- Wenn ein magisches Tier Sie auf Ihrer Heldinnen- und Heldenreise begleiten würde: Welches Tier wäre das und wie würde es Sie unterstützen?
- Wem gegenüber vertreten Sie die Seite des Lichts? Wer schaut zu Ihnen auf?

**Mögliche Fragen bei der Arbeit mit inneren Anteilen und Ego-States:**

- Welche Ihrer inneren Anteile stehen für die Seite des Lichts?
- Welche Werte vertreten diese Anteile?
- Wie genau sehen sie aus und wie handeln sie?
- Welche Fähigkeiten haben diese Anteile und wie setzen Sie diese ein?
- Mit welchen Gegenständen und Orten bringen Sie diese Ego-States jeweils in Zusammenhang?

△ ARCHETYPEN DER REISE – FRAGEN

△ ARCHETYPEN DER REISE – FRAGEN

△ ARCHETYPEN DER REISE – FRAGEN

△ ARCHETYPEN DER REISE – FRAGEN

△ DER SCHATTEN

△ ARCHETYPEN DER REISE – BILDER

△ ARCHETYPEN DER REISE – BILDER

△ ARCHETYPEN DER REISE – BILDER

△ ARCHETYPEN DER REISE – BILDER

# △ DER SCHATTEN

- Bewahrerinnen und Bewahrer des Schattens
- Kämpferinnen und Kämpfer des Schattens
- Missionarinnen und Missionare des Schattens
- Gegenstände, Orte und Begegnungen des Schattens

- Welche Ihrer Eigenschaften oder Bedürfnisse stehen Ihnen beim Erreichen Ihrer Ziele im Weg?
- Wie sähe eine Person aus, die diese hinderlichen Eigenschaften oder Bedürfnisse verkörpert?
- Welche Charakterzüge und Eigenschaften von Menschen lassen Ihnen einen Schauer über den Rücken laufen?
- Was haben Sie bereits einmal getan, was Sie zutiefst bereut haben?
- Welche Eigenschaft, die Sie zum Erreichen Ihres Ziels benötigen, lehnen Sie eigentlich ab?
- Gibt es Rivalinnen oder Rivalen, mit denen Sie sich auf Ihrem Weg messen müssen?
- Was haben diese, was Sie nicht haben? Und was haben Sie, was diese nicht haben?
- Welche Gefahren und Hindernisse lauern auf Ihrem Weg?
- Wenn ein kleiner Teufel auf einer Ihrer Schultern sitzen würde: Was würde er Ihnen zuflüstern?
- Vor wem sollten Sie sich in Acht nehmen?
- Wem gegenüber sollten Sie besser schweigen?
- Was sind düstere Orte, an denen Sie in besonderem Maße die Kraft des Schattens spüren?
- Welche Gegenstände und materiellen Dinge zählen Sie zu Ihrer Schattenseite?
- Welche Werte und Glaubenssätze verbinden Sie mit der Schattenseite?

**Mögliche Fragen bei der Arbeit mit inneren Anteilen und Ego-States:**

- Welche Ihrer inneren Anteile stehen für die Seite des Schattens?
- Welche Werte vertreten diese Anteile?
- Wie genau sehen sie aus und wie handeln sie?
- Welche Fähigkeiten haben diese Anteile und wie setzen Sie diese ein?
- Mit welchen Gegenständen, Orten und Bildern bringen Sie diese Ego-States jeweils in Zusammenhang?

△ ARCHETYPEN DER REISE – FRAGEN

△ ARCHETYPEN DER REISE – FRAGEN

△ ARCHETYPEN DER REISE – FRAGEN

△ ARCHETYPEN DER REISE – FRAGEN

△ HEROLDINNEN UND HEROLDE

△ ARCHETYPEN DER REISE – BILDER

△ ARCHETYPEN DER REISE – BILDER
△ ARCHETYPEN DER REISE – BILDER
△ ARCHETYPEN DER REISE – BILDER

# △ HEROLDINNEN UND HEROLDE

| Initiatorinnen und Initiatoren | Nachrichtenüberbringerinnen und -überbringer |
|---|---|
| Antreiberinnen und Antreiber | Vorbotinnen und Vorboten |

- Was ist Ihr Ruf des Abenteuers?
- Welche inneren Stimmen rufen Sie zu diesem Abenteuer?
- Wo genau in Ihrem Körper sitzen diese Stimmen?
- Welche äußeren Stimmen gibt es?
- Gibt es vielleicht verschiedene Abenteuer, deren Ruf Sie folgen könnten?
- Welches Warnsystem haben Sie auf Ihrer Reise, das Sie auf Gefahren hinweist?
- Wer oder was gibt Ihnen einen Hinweis, wenn es gefährlich wird?
- Wie kündigt sich die nächste Schwelle an, die Sie zu überwinden haben?
- Woran erkennen Sie Lichtgestalten und Schattenwesen?
- Wie erhalten Sie Informationen?
- Wer kann für Sie Botschaften überbringen?
- Wer kann für Sie vermitteln und übersetzen?
- Wer treibt Sie zur Eile und achtet auf Pünktlichkeit?
- Wer sagt Ihnen, wann es der richtige Zeitpunkt ist? Oder dass die richtige Gelegenheit vor Ihnen liegt?
- Wo in Ihrem Körper spüren Sie es als erstes, wenn eine Situation bedrohlich ist oder Ihre Grenzen verletzt werden könnten?

**Mögliche Fragen bei der Arbeit mit Inneren Anteilen und Ego-States:**

- Welche Ihrer inneren Anteile rufen zum Abenteuer?
- Welche Anteile stoßen Warnungen aus?
- Welche Funktion erfüllen Ihre inneren Heroldinnen und Herolde?
- Wer ist Ihr Innerer Antreiber, Ihre innere Antreiberin?
- Welcher innere Anteil meldet sich am ehesten, wenn Sie eine schlechte Vorahnung haben?
- Welcher Ihrer inneren Anteile gibt den Startschuss für etwas Neues?

△ ARCHETYPEN DER REISE – FRAGEN

△ ARCHETYPEN DER REISE – FRAGEN

△ ARCHETYPEN DER REISE – FRAGEN

△ ARCHETYPEN DER REISE – FRAGEN

△ MENTORINNEN UND MENTOREN

△ ARCHETYPEN DER REISE – BILDER

△ ARCHETYPEN DER REISE – BILDER
△ ARCHETYPEN DER REISE – BILDER
△ ARCHETYPEN DER REISE – BILDER

# △ MENTORINNEN UND MENTOREN

| Ratgeberinnen und Ratgeber | Ausstatterinnen und Ausstatter |
| --- | --- |
| Ausbilderinnen und Ausbilder | Unterstützerinnen und Unterstützer |

- Welche Ratschläge könnten Ihnen auf Ihrem Weg helfen?
- Von wem würden Sie einen guten Ratschlag annehmen?
- Stellen Sie sich vor, Sie würden einen magischen Gegenstand erhalten, den Sie zur Erreichung Ihrer Ziele einsetzen könnten. Was müsste dieser Gegenstand können?
- Wofür könnte dieser magische Gegenstand in Ihrer wirklichen Welt stehen?
- Bei wem können Sie in schlimmen Zeiten unterkriechen?
- Wem können Sie alles erzählen und sich anvertrauen?
- Wen würden Sie aufsuchen, um sich bei einer Entscheidung beraten zu lassen?
- Wer hat schon vor Ihnen etwas Ähnliches vollbracht, an dessen Vorgehen Sie sich orientieren könnten?
- Wer wäre ein Negativvorbild für Sie, eine Person, die mit einem ähnlichen Vorhaben gescheitert ist? Was könnten Sie tun, um deren Fehler zu vermeiden?
- Angenommen drei gute Feen kämen zu Beginn der Reise auf Sie zu und jede würde Ihnen eine Gabe mit auf den Weg geben, die Ihnen hilft, das Abenteuer zu bestehen, welche Gaben wären das?
- Haben Sie Vorbilder, an denen Sie sich auf Ihrer Reise orientieren können?
- Wenn Sie einen Rucksack oder eine Werkzeugtasche packen würden, in der sich alles befindet, was Sie zum Bestehen der vor Ihnen liegenden Herausforderungen benötigen: Was würden Sie einpacken?
- Für wen sind Sie selbst Mentor oder Mentorin?

**Mögliche Fragen bei der Arbeit mit inneren Anteilen und Ego-States:**

- Welche inneren Mentorinnen und Mentoren, Unterstützerinnen und Unterstützer haben Sie für Ihr Abenteuer?
- Wenn ein kleiner Engel auf einer Ihrer Schultern sitzen würde: Was würde er Ihnen Aufmunterndes zuflüstern?
- Wer in Ihrem inneren Team sorgt dafür, dass es den anderen gut geht?
- Wer behält in Ihrem inneren Team die Übersicht und rät zur Besonnenheit?
- Welche inneren Superkräfte haben Sie? Durch welche inneren Anteile werden diese verkörpert?

△ ARCHETYPEN DER REISE – FRAGEN

△ ARCHETYPEN DER REISE – FRAGEN
△ ARCHETYPEN DER REISE – FRAGEN
△ ARCHETYPEN DER REISE – FRAGEN

△ SCHWELLENHÜTERINNEN UND SCHWELLENHÜTER

△ ARCHETYPEN DER REISE – BILDER

△ ARCHETYPEN DER REISE – BILDER

△ ARCHETYPEN DER REISE – BILDER

△ ARCHETYPEN DER REISE – BILDER

# △ SCHWELLENHÜTERINNEN UND SCHWELLENHÜTER

| Wächterinnen und Wächter | Barrieren |
| --- | --- |
| Rätselstellerinnen und Rätselsteller | Verführerinnen und Verführer |

- Welche Schwellen oder Barrieren müssen Sie für Ihre Aufgabe überwinden?
- Wer bewacht oder beschützt diese Übergänge?
- Wie können Sie diese Wächterinnen überwinden?
- Welche Rätsel müssen Sie lösen, um weiterzukommen?
- Welche Passierscheine oder Zertifikate benötigen Sie, um an dieser Grenze durchgelassen zu werden?
- Welche Tarnung könnte Ihnen dabei helfen, den Schwellenhüter oder die Schwellenhüterin zu überlisten?
- Welche körperlichen Stärken haben Sie, um die Schwelle zu meistern?
- Welche emotionale Hürde ist für Sie auf Ihrem Weg am schwersten zu überwinden?
- Gibt es Warnsysteme, die eine nahende Schwelle ankündigen, sodass Sie sich auf sie vorbereiten können?
- Welche Schwelle oder Barriere sollten Sie keinesfalls übertreten?
- Wer bewahrt Sie vor einem Fehltritt?
- Haben Sie ein Schutzschild gegen bestimmte Widrigkeiten Ihrer Reise, ein dickes Fell oder einen Schirm?
- Wen würden Sie um Rat fragen, um herauszufinden, ob Sie für das Bestehen eine Aufgabe oder Prüfung bereit sind?

**Mögliche Fragen bei der Arbeit mit inneren Anteilen und Ego-States:**

- Welche inneren Regelwächterinnen, Türsteher, Prüferinnen und Verführer gibt es unter Ihren Ego-States?
- Welche persönlichen, psychischen, körperlichen, sozialen und moralischen Grenzen haben Sie? Welche Mitglieder Ihres inneren Teams sind für die Wahrung dieser Grenzen zuständig? Beschreiben Sie diese Grenzen und die inneren Anteile, die diese hüten.
- Wie reagiert Ihr Körper, wenn Ihre Grenzen durch Sie selbst oder durch andere überschritten werden? Welche inneren Anteile zeigen sich dann?

△ ARCHETYPEN DER REISE – FRAGEN

△ ARCHETYPEN DER REISE – FRAGEN
△ ARCHETYPEN DER REISE – FRAGEN
△ ARCHETYPEN DER REISE – FRAGEN

△ GESTALTWANDLERINNEN UND GESTALTWANDLER

△ ARCHETYPEN DER REISE – BILDER

△ ARCHETYPEN DER REISE – BILDER
△ ARCHETYPEN DER REISE – BILDER
△ ARCHETYPEN DER REISE – BILDER

TRICKSTER

△ ARCHETYPEN DER REISE – BILDER

△ ARCHETYPEN DER REISE – BILDER
△ ARCHETYPEN DER REISE – BILDER
△ ARCHETYPEN DER REISE – BILDER

# △ TRICKSTER

| | |
|---|---|
| Gaunerinnen und Gauner | Provokateurinnen und Provokateure |
| Tüftlerinnen und Tüftler | Chaotinnen und Chaoten |

- Was könnten Sie tun, um diese Situation mit einer List, Wette oder einem Spiel zu bestehen?
- Wenn Sie alles auf eine Karte setzen würden, wie sähe das aus?
- Was könnten Sie zusammenbasteln, das die Aufgabe für Sie löst?
- Was würde passieren, wenn Sie in einer Situation, in der Sie besser den Mund halten sollten, Ihre Meinung sagen, ohne auf mögliche Konsequenzen zu achten?
- Worüber würden alle Personen Ihres direkten Umfeldes erstaunt den Kopf schütteln und sagen: »Das hätte ich ja nie gedacht!«?
- Wenn Sie einfach alles auf sich zukommen lassen und dann improvisieren, was würde passieren?
- Was wäre das Dümmste, das Ihnen in dieser Situation passieren könnte?
- Angenommen Sie würden etwas absolut Verrücktes tun: Was wäre das?
- Was könnten Sie tun, das Ihr Gegenüber völlig überrascht?
- Welche Fettnäpfchen stehen Ihnen bei diesem Vorhaben im Weg? Was würde passieren, wenn Sie hineinträten?
- Wenn Sie sich in dieser Situation hilflos und ungeschickt anstellen, wer würde Ihnen dann helfen?
- Wenn dieser Teil Ihrer Heldinnen- und Heldenreise scheitert: Welchen Gewinn hätten Sie davon?
- Wenn Sie eine Entscheidung dem Zufall überließen, etwa indem Sie eine Münze werfen, was würde das bewirken?
- Angenommen Sie könnten diesem Ereignis etwas Lustiges abgewinnen, was wäre das?

**Mögliche Fragen bei der Arbeit mit inneren Anteilen und Ego-States:**

- Was ruft Ihr verschlagenes und gaunerisches Ich Ihnen zu, das Sie in dieser Situation tun sollen?
- Welche Unterstützung kann Ihre innere Erfinderin Ihnen dabei geben?
- Welche Ego-States müssen sich anstrengen, nicht mit ihrer Meinung herauszuplatzen, wenn sie so etwas hören?
- Welche inneren Anteile würden in dieser Situation etwas Verrücktes tun?
- Wenn Ihr inneres Kind bei dieser Herausforderung die Führung übernehmen würde: Was würde es tun?

△ ARCHETYPEN DER REISE – FRAGEN

△ ARCHETYPEN DER REISE – FRAGEN

△ ARCHETYPEN DER REISE – FRAGEN

△ ARCHETYPEN DER REISE – FRAGEN

**LOGISCHE EBENEN:**

# ÜBERZEUGUNGEN, LEIT- & GLAUBENSSÄTZE

- An welchen Prinzipien richten Sie Ihr Leben aus?
- Welchen Gesetzen folgt Ihr Familienleben?
- Wie lauten Ihre zehn Gebote?
- Was ist ein unumstößliches Gesetz, das Sie niemals brechen? Was passiert, wenn es jemand anderes bricht?
- Was ist die unnötigste Richtlinie in Ihrem Arbeitsleben?
- Wenn Sie für diese Besprechung einen Sinnspruch erfinden würden, wie würde dieser lauten?
- Welches absolute Verbot gibt es für Sie in dieser Situation?
- Was müsste passieren, damit Sie dieses Verbot übergehen?
- Welchem Leitsatz müssten in dieser Situation alle folgen, damit sie gemeinsam Erfolg haben?
- Welche Leitsätze für Ihr Leben hat Ihre Mutter Ihnen mit auf den Weg gegeben? Welche Ihr Vater?
- Welche Prinzipien verfolgen Sie, wenn Sie mit Ihrem Sohn in diesen Machtkampf geraten?
- Wie lautet das offizielle Motto Ihrer Firma? Wie könnte ein geheimes Motto lauten?
- Welche Sinnsprüche und Zitate verwenden Sie häufiger?
- Notieren Sie bitte auf roten Moderationskarten die Lasse-dasse Ihrer Zusammenarbeit und auf grünen Moderationskarten die Tue-dasse Ihrer Zusammenarbeit.
- Wenn Sie später einmal Ihren Enkeln erzählen, warum Sie das alles gemacht haben, was werden Sie sagen?
- Was sollte Ihr Biograf oder Ihre Biografin später einmal darüber schreiben, welchem Zweck das alles diente?
- Wenn Sie nach Ihrem Tod an das Himmelstor treten, warum sollte man Sie einlassen?

**Weitere Bezeichnungen:**

- Normen, Prinzipien und Richtlinien,
- Gewohnheiten und Vorlieben,
- Einstellungen und Haltungen,
- Gesetze, Gebote und Verbote,
- Wissen, Definitionen und Hypothesen,
- Bewertungen, Urteile und Vorurteile,
- Leitbilder und Mottos,
- Sinnsprüche, Sprichwörter, Aphorismen und Zitate.

LOGISCHE EBENEN – FRAGEN

LOGISCHE EBENEN – FRAGEN

LOGISCHE EBENEN – FRAGEN

LOGISCHE EBENEN – FRAGEN

# 5 LOGISCHE EBENEN: BEDÜRFNISSE, WERTE & VISIONEN

LOGISCHE EBENEN – BILDER

LOGISCHE EBENEN – BILDER

LOGISCHE EBENEN – BILDER

LOGISCHE EBENEN – BILDER

### LOGISCHE EBENEN:

# 5 BEDÜRFNISSE, WERTE & VISIONEN

- Wozu das Ganze?
- Was ist Ihre Mission? Was ist Ihr Auftrag?
- Welche Ihrer Bedürfnisse werden erfüllt, wenn Sie dieses Ziel erreichen?
- Welche Werte kommen darin zum Ausdruck, dieses Ziel zu verfolgen?
- Und welche Werte verfolgen Sie sonst noch? Welche Ihrer Werte und Bedürfnisse stehen bei diesem Vorhaben im Widerstreit miteinander?
- Welche Werte und Bedürfnisse möchten Sie gern in eine gute Balance bringen?
- Was ist der Sinn und Zweck dieser Veränderung?
- Welche Ideale vertreten Sie?
- Worauf können Sie stolz sein, wenn Ihr Vorhaben gelingt?
- Wenn Sie das alles erreicht haben, was wäre dann anders?
- Und wenn Sie das dann hätten, was wäre dann anders?
- Und wenn Sie das dann hätten …?

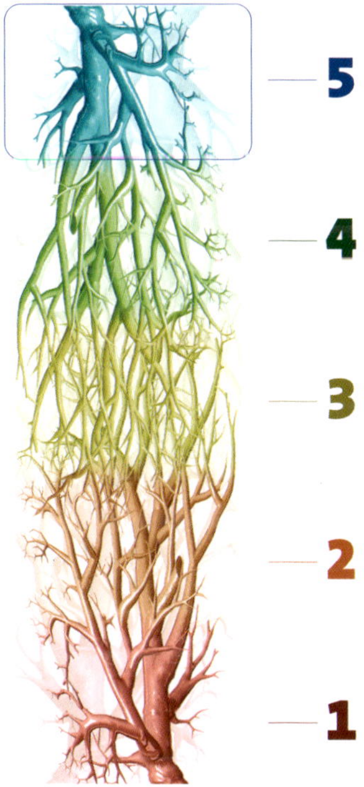


**Weitere Bezeichnungen:**

- Sinn und Zweck,
- Ideale,
- ideelle Ergebnisse und ideelle Resultate,
- Mission und Auftrag.

LOGISCHE EBENEN – FRAGEN

LOGISCHE EBENEN – FRAGEN

LOGISCHE EBENEN – FRAGEN

LOGISCHE EBENEN – FRAGEN

# 4 Logische Ebenen: Rollen, Ego-States & Zugehörigkeiten

LOGISCHE EBENEN – BILDER

LOGISCHE EBENEN – BILDER

LOGISCHE EBENEN – BILDER

LOGISCHE EBENEN – BILDER

**LOGISCHE EBENEN:**

# 4 ROLLEN, EGO-STATES & ZUGEHÖRIGKEITEN

- Wer sind Sie in dieser Situation?
- Welche Rolle haben Sie dann inne?
- Nennen Sie drei Rollen, die Sie in Ihrer Familie erfüllen.
- Welche Rollen haben Sie in Ihrem Beruf? Welche hätten Sie gern?
- Von welchen Rollen würden Sie sich gern verabschieden?
- Welche Ihrer inneren Anteile kommen hier zun Vorschein?
- Welche Ihrer Ego-States sollen in dem anstehenden Gespräch die Führung übernehmen?
- Zu welchen Gruppen gehören Sie?
- Wessen Zugehörigkeit ist Ihnen unangenehm?
- Woran erkennt man, dass Sie dazugehören?
- Was könnten Sie machen, wenn es Ihr oberstes Ziel wäre, beliebt zu sein?
- Was müssten Sie anstellen, damit von diesen Personen niemand wieder etwas mit Ihnen zu tun haben möchte?
- Welchen Status haben Sie inne? Wodurch zeigen Sie diesen?
- Mit welchen Eigenschaftsbegriffen würden Sie selbst Ihre Persönlichkeit beschreiben?
- Wie und als was sehen andere Personen Sie?
- Wenn in dieser Situation (ach) drei Seelen in Ihrer Brust wohnten: Wie hießen diese drei?
- Wenn Sie ein Tier wären, welches wären Sie? Welche Merkmale zeichnet dieses Tier aus?

**Weitere Bezeichnungen:**

- innere Anteile, Ich-Zustände und Funktionen,
- Stand, Status und Stellung,
- Selbstbild und Fremdbild.

LOGISCHE EBENEN – FRAGEN

LOGISCHE EBENEN – FRAGEN

LOGISCHE EBENEN – FRAGEN

LOGISCHE EBENEN – FRAGEN

# 3 LOGISCHE EBENEN: KOMPETENZEN, FÄHIGKEITEN & TALENTE

LOGISCHE EBENEN – BILDER

LOGISCHE EBENEN – BILDER

LOGISCHE EBENEN – BILDER

LOGISCHE EBENEN – BILDER

LOGISCHE EBENEN:

# 3 KOMPETENZEN, FÄHIGKEITEN & TALENTE

- Welche Kompetenzen fehlen Ihnen, um dieses Problem zu meistern?
- Wie könnten Sie diese Fähigkeiten erwerben?
- Wer in Ihrem Umfeld verfügt über die benötigten Kompetenzen und könnte Sie unterstützen oder schulen?
- Wem müssten Sie Kompetenzen und Wissen weitergeben, damit er Ihnen Aufgaben abnehmen kann?
- Welche Aufgaben könnten Sie an jemanden delegieren, der über die notwendigen Fähigkeiten verfügt, diese zu erledigen?
- Was können Sie richtig gut?
- Für welche Fähigkeiten werden Sie von anderen geschätzt?
- Auf einer Skala von 1 bis 10: Wie gut können Sie das? Wie gut müssen Sie es können, um voranzukommen?
- Wenn Sie sich selbst einen Preis verleihen könnten, wofür würde dieser stehen?
- Welches Wissen fehlt Ihnen, um Ihr Ziel zu erreichen?
- Was müssen Sie gar nicht wissen oder können?
- Wofür haben Sie ein Talent?
- Welche Eigenschaften zeichnen Sie als Paar aus?
- Was wollten Sie schon immer einmal können, auch wenn es Ihnen völlig nutzlos erscheinen mag?

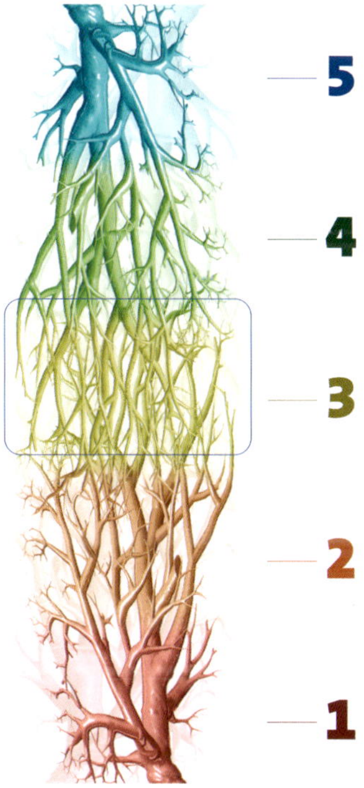


**Weitere Bezeichnungen:**

- Können und Geschick,
- Wissen und Ausbildung,
- Stärken und Eigenschaften.

LOGISCHE EBENEN – FRAGEN

LOGISCHE EBENEN – FRAGEN

LOGISCHE EBENEN – FRAGEN

LOGISCHE EBENEN – FRAGEN

# 2 LOGISCHE EBENEN: HANDLUNGEN, VERHALTENSWEISEN & AKTIVITÄTEN

LOGISCHE EBENEN – BILDER

LOGISCHE EBENEN – BILDER

LOGISCHE EBENEN – BILDER

LOGISCHE EBENEN – BILDER

LOGISCHE EBENEN:

# 2 HANDLUNGEN, VERHALTENSWEISEN & AKTIVITÄTEN

- Was genau tun Sie in Ihrer gewohnten Umgebung?
- Welche Aktivitäten bestimmen Ihren Alltag?
- Was haben Sie schon lange nicht mehr getan, würden es aber gern wieder tun?
- Was genau tut Ihr Partner, dass Sie sich nicht verstanden fühlen?
- An welchen Handlungen würden Sie erkennen, dass er Sie versteht?
- Was müsste Ihr Gegenüber sagen, damit Sie den Eindruck haben, es würde Sie unterstützen?
- Nennen Sie drei Sachen, die Sie besser lassen sollten, und sagen Sie, was Sie stattdessen tun könnten.
- Was genau müssten Sie tun, damit die Situation eskaliert?
- Können Sie ein kurzes Drehbuch entwerfen, wie genau diese Konflikte ablaufen?
- Was wird getan, was wird gesagt?
- Welche Gewohnheiten pflegen Sie an Ihrem Feierabend?
- Stellen Sie sich vor, diese Besprechungen würden einem rituellen Ablauf folgen. Welche Handlungen und Gesten wären zu beobachten?
- Können Sie mir einmal vormachen, wie genau diese Körperhaltung Ihres Kollegen aussieht?

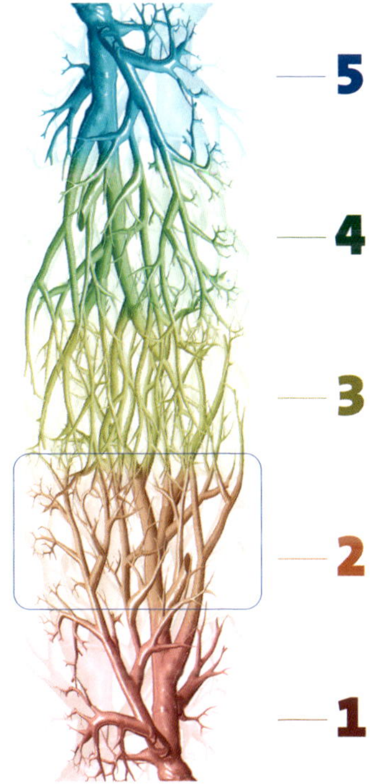


**Weitere Bezeichnungen:**

- Taten und Aktionen,
- Gestik und Mimik,
- Gesagtes und Gesprochenes,
- Geschehnisse und Vorkommnisse,
- Vorgehensweisen und Arbeitsabläufe,
- Rituale und Gewohnheiten.

LOGISCHE EBENEN – FRAGEN

LOGISCHE EBENEN – FRAGEN
LOGISCHE EBENEN – FRAGEN
LOGISCHE EBENEN – FRAGEN

# 1 Logische Ebenen: Kontext, Umgebung & Rahmenbedingungen

LOGISCHE EBENEN – BILDER

LOGISCHE EBENEN – BILDER

LOGISCHE EBENEN – BILDER

LOGISCHE EBENEN – BILDER

LOGISCHE EBENEN:

# 1 KONTEXT, UMGEBUNG & RAHMENBEDINGUNGEN

- Welche Personen gehören zu Ihrem Anliegen?
- In welcher Umgebung spielen sich die Themen ab, die Sie hierhergeführt haben?
- Welche Dinge spielen dabei eine Rolle?
- Welche Dinge sind zu viel oder zu wenig vorhanden?
- Welche Bilder kommen Ihnen in den Kopf, wenn Sie an Ihr Problem denken?
- Haben Sie ein Bild vor Augen, wenn Sie an eine gute Lösung denken?
- Zu welchen Zeiten genau taucht Ihr Problem auf?
- Zu welchen Zeiten gibt es Ausnahmen vom Problem?
- An welchen Orten zeigt sich das Problem?
- An welchen Orten taucht das Problem nicht auf?
- In wessen Gegenwart ist das Problem weniger spürbar?
- Was genau ist zu sehen und zu hören?
- Woran würden Sie sehen oder hören, dass Sie Ihr Ziel erreicht haben?
- Welche Gegenstände erinnern Sie an Ihr Scheitern?
- Welche Gegenstände erinnern Sie an frühere Erfolge?

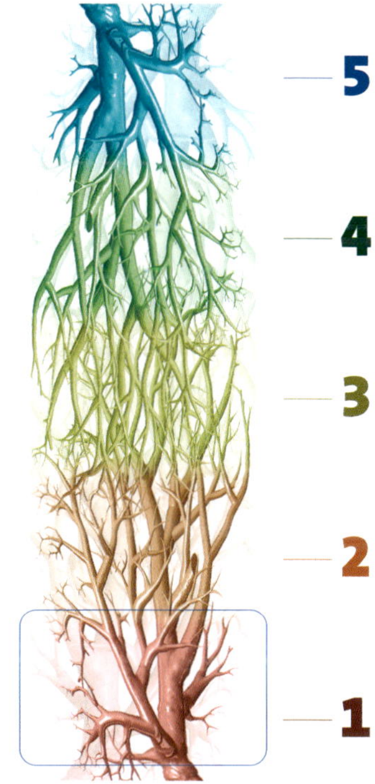


**Weitere Bezeichnungen:**

- Personen und Akteure,
- Körper und Gesundheit,
- Sinneseindrücke und Gefühle,
- Orte, Räume und Landschaften,
- Gegenstände, Dinge und Objekte,
- Bilder und Symbole,
- Zeiträume und Zeitpunkte.

LOGISCHE EBENEN – FRAGEN

LOGISCHE EBENEN – FRAGEN

LOGISCHE EBENEN – FRAGEN

LOGISCHE EBENEN – FRAGEN

Wahrnehmung
riechen
hören
Mund
schmecken
Perspektive
Ohren
wahrnehmen
SINNE
SICHT
fühlen
Sinneswahrnehmung
erkennen
Augen
erleben
sehen
PERSÖNLICHKEITSANTEILE:
SINNE, WAHRNEHMUNG UND PERSPEKTIVE

PERSÖNLICHKEITSANTEILE – BILDER

PERSÖNLICHKEITSANTEILE – BILDER

PERSÖNLICHKEITSANTEILE – BILDER

PERSÖNLICHKEITSANTEILE – BILDER

# PERSÖNLICHKEITSANTEILE: SINNE, WAHRNEHMUNG UND PERSPEKTIVE

- Was ist zu sehen?
- Was ist zu hören?
- Was ist zu schmecken?
- Wie riecht es?
- Wie fühlt es sich an?
- Welche greifbaren Dinge spielen eine Rolle?
- Welche Ihrer Wahrnehmungen müsste sich verändern, um Ihre Situation zu verbessern?
- Aus welcher Perspektive könnten Sie Ihr Problem noch betrachten, damit es in einem anderen Licht erscheint?
- Wenn jemand anderes die Situation beschreiben würde (z. B. Ihre Partnerin, Ihr Kollege, Ihre Freundin), was würde diese Person sagen?
- Was könnte bei dieser Herausforderung Ihre Sinne trüben?
- Was wäre in dieser Situation eine Herausforderung Ihrer Sinne?
- Welche Brille müssen Sie hierbei aufsetzen, um die Zusammenhänge klarer zu erkennen?
- Welche Wahrnehmung könnte für Sie in dieser Situation eine Ressource darstellen?
- Wenn jemand, ohne es zu werten, beschreiben würde, was die Beteiligten in dieser Situation sagen und tun, was würde diese Person erzählen?

PERSÖNLICHKEITSANTEILE – FRAGEN

PERSÖNLICHKEITSANTEILE – FRAGEN

PERSÖNLICHKEITSANTEILE – FRAGEN

PERSÖNLICHKEITSANTEILE – FRAGEN

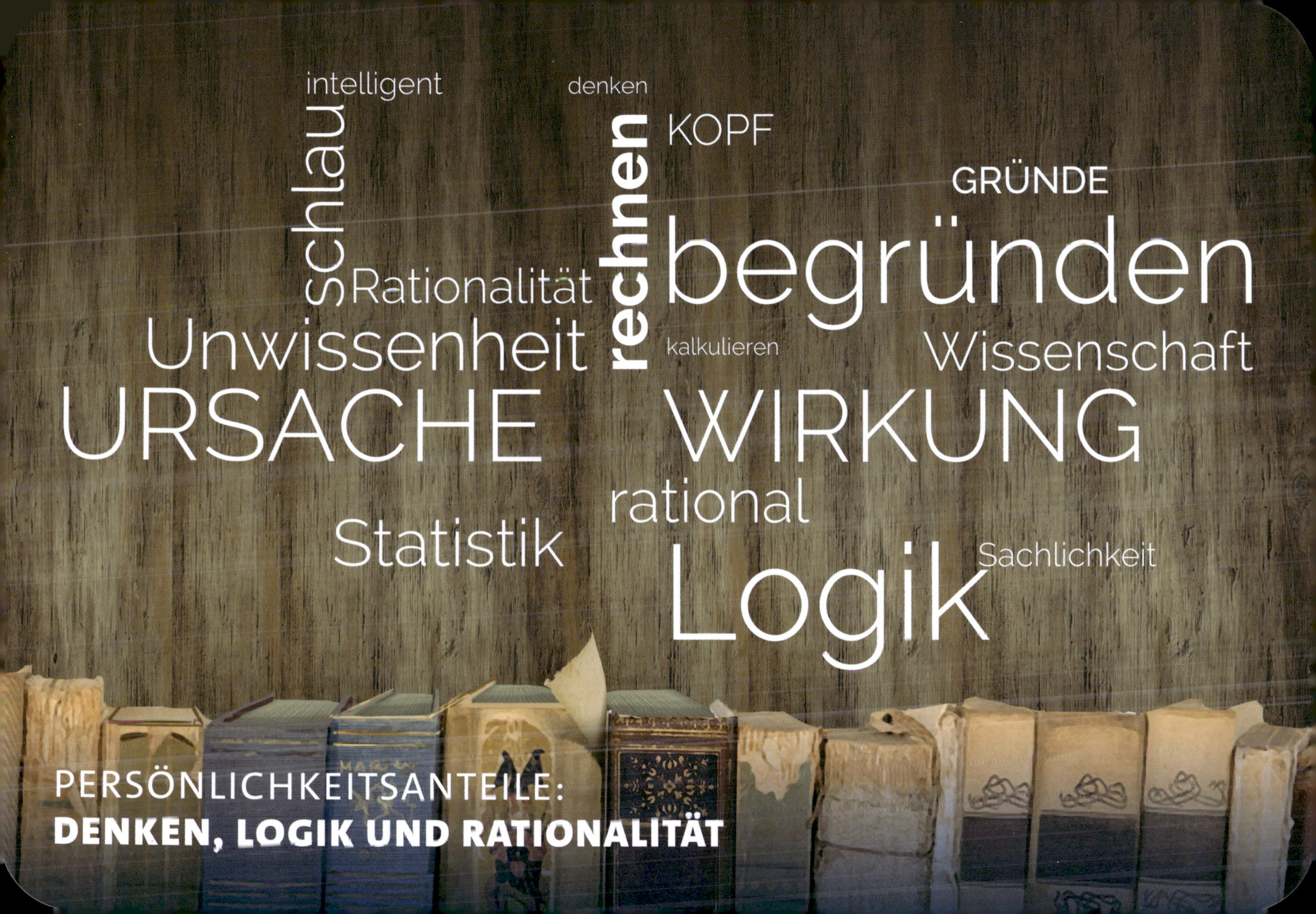
intelligent
denken
schlau
rechnen
KOPF
GRÜNDE
Rationalität
begründen
Unwissenheit
kalkulieren
Wissenschaft
URSACHE
WIRKUNG
rational
Statistik
Sachlichkeit
Logik
PERSÖNLICHKEITSANTEILE:
DENKEN, LOGIK UND RATIONALITÄT

PERSÖNLICHKEITSANTEILE – BILDER

PERSÖNLICHKEITSANTEILE – BILDER
PERSÖNLICHKEITSANTEILE – BILDER
PERSÖNLICHKEITSANTEILE – BILDER

# PERSÖNLICHKEITSANTEILE: DENKEN, LOGIK UND RATIONALITÄT

- Wenn Sie auf einer Skala von 1 bis 10 bewerten, wie sehr Sie in Ihrem Leben rationalen Argumenten und logischem Denken folgen, wobei 1 »fast gar nicht« und 10 »immer« bedeutet, welche Zahl würden Sie nennen?
- Was wäre die logische Konsequenz Ihrer Schilderung der Situation?
- Wie könnten Sie dieses Problem ganz rational angehen?
- Wenn Sie das Für und Wider Ihrer verschiedenen Möglichkeiten gegeneinander abwägen, für welche würden Sie sich entscheiden?
- Wenn Sie die Kosten und den Nutzen Ihres Vorhabens gegeneinander abwägen, was wiegt schwerer?
- Mit welchen Argumenten könnten Sie Ihr Gegenüber überzeugen?
- Wenn Sie aus weiter Distanz von außen auf Ihre Situation schauen, was würden Sie sich selbst raten?
- Was wäre das Dümmste, das Sie in Ihrer Lage tun könnten?
- Was wäre in dieser Situation ein schlauer Schachzug?
- Gibt es eine Theorie, die Ihre Lage erklärt?
- Was wäre in dieser Situation eine Herausforderung Ihres Denkens?
- Welche Logik oder rationale Herangehensweise könnte in dieser Situation für Sie eine Ressource darstellen?
- Benennen Sie drei unumstößliche Regeln, denen Sie folgen müssen, um erfolgreich zu sein.

PERSÖNLICHKEITSANTEILE – FRAGEN

PERSÖNLICHKEITSANTEILE – FRAGEN
PERSÖNLICHKEITSANTEILE – FRAGEN
PERSÖNLICHKEITSANTEILE – FRAGEN

KREATIVITÄT
visualisieren
erstaunlich
Muse
Intuition
Fantasie
konstruieren
erfinden
chaotisch
experimentieren
Geistesblitz
VORSTELLUNGSKRAFT
bunt
entwerfen
kreativ
Tagträume

PERSÖNLICHKEITSANTEILE:

**INTUITION, KREATIVITÄT UND VORSTELLUNGSKRAFT**

PERSÖNLICHKEITSANTEILE – BILDER

PERSÖNLICHKEITSANTEILE – BILDER
PERSÖNLICHKEITSANTEILE – BILDER
PERSÖNLICHKEITSANTEILE – BILDER

# PERSÖNLICHKEITSANTEILE: INTUITION, KREATIVITÄT UND VORSTELLUNGSKRAFT

- Was wäre das Verrückteste, was Sie tun könnten, um Ihr Ziel zu erreichen?
- Was wäre die kreativste Lösung hierfür?
- Wenn Sie bezüglich Ihrer Wünsche ein Luftschloss errichten könnten, wie sähe es aus?
- Was wäre das bestmögliche Ergebnis?
- Was wäre das Schlimmste, das passieren kann?
- Was müssten Sie tun, damit alles noch schlimmer wird?
- Was könnten Sie tun, um alle anderen in dieser Situation absolut zu überraschen?
- Was wäre die ästhetisch ansprechendste Lösung für das Problem?
- Was wäre in dieser Situation eine kreative Herausforderung?
- Was könnten Sie unternehmen, um mehr Farbe in diese Herausforderung zu bringen?
- Welche intuitive Vorstellung könnte für Sie in dieser Situation eine Ressource darstellen?
- Wenn Sie an dieser Stelle einfach machen würden, worauf Sie gerade Lust haben: Was würden Sie tun?
- Nehmen Sie ein Blatt Papier und Buntstifte. Malen Sie ein Bild davon, wie Sie sich die Welt vorstellen, wenn Ihr Problem gelöst ist.

PERSÖNLICHKEITSANTEILE – FRAGEN

PERSÖNLICHKEITSANTEILE – FRAGEN
PERSÖNLICHKEITSANTEILE – FRAGEN
PERSÖNLICHKEITSANTEILE – FRAGEN

PERSÖNLICHKEITSANTEILE:
**FÜHLEN, LIEBE UND TEMPERAMENT**

PERSÖNLICHKEITSANTEILE – BILDER

PERSÖNLICHKEITSANTEILE – BILDER

PERSÖNLICHKEITSANTEILE – BILDER

PERSÖNLICHKEITSANTEILE – BILDER

# PERSÖNLICHKEITSANTEILE: FÜHLEN, LIEBE UND TEMPERAMENT

- Was würde Ihr Herz Ihnen raten, wenn Sie es zu dieser Situation befragten?
- Was würden Sie tun, wenn Sie auf Ihr Bauchgefühl vertrauten?
- Wie fühlt es sich an, wenn sie Sie die Augen schließen und sich vorstellen, dass Sie sich für diese Möglichkeit entschieden haben?
- Wenn Sie Ihrem spontanen Handlungsimpuls folgen, was würden Sie tun?
- Was würde passieren, wenn Sie Ihre Gefühle in dieser Situation offen äußern?
- Was würde passieren, wenn Sie Ihren Ärger in dieser Situation nicht herunterschluckten, sondern offen aussprechen?
- Was wäre, wenn Sie dann auf den Tisch hauen und sagen: »So nicht!«
- Was müsste passieren, damit Sie zu Tränen gerührt wären?
- Was könnten Sie tun, um sich hierbei wohlzufühlen
- Was müssten Sie tun, um in dieser Situation den meisten Spaß zu haben?
- Was wäre in dieser Situation eine Versuchung für Ihr Temperament?
- Welches Gefühl könnte in dieser Situation für Sie eine Ressource darstellen?
- Welche Gefühle wollen Sie offen zeigen? Und wem?
- Welche Gefühle wollen Sie lieber verbergen? Und vor wem?

PERSÖNLICHKEITSANTEILE – FRAGEN

PERSÖNLICHKEITSANTEILE – FRAGEN
PERSÖNLICHKEITSANTEILE – FRAGEN
PERSÖNLICHKEITSANTEILE – FRAGEN

Heilung
Wellness
KÖRPERLICHKEIT
Gesundheit
Muskeln
KÖRPEREINSATZ
stark
schwach
achtsam
Haut
Sexualität
gesund
krank
Krankheit
KRAFT
PERSÖNLICHKEITSANTEILE:
KRAFT, GESUNDHEIT UND KÖRPERLICHKEIT

PERSÖNLICHKEITSANTEILE – BILDER

PERSÖNLICHKEITSANTEILE – BILDER

PERSÖNLICHKEITSANTEILE – BILDER

PERSÖNLICHKEITSANTEILE – BILDER

# PERSÖNLICHKEITSANTEILE: KRAFT, GESUNDHEIT UND KÖRPERLICHKEIT

- Welche Körperhaltung nehmen Sie ein, wenn Sie an diese Situation denken?
- Auf einer Skala von 1 bis 10: Wie gesund sind Sie?
- Woher ziehen Sie Ihre Kraft und Gesundheit?
- Was könnten Sie jeden Tag tun, um in dieser belastenden Situation gesund zu bleiben?
- Was macht Sie krank?
- Was mögen Sie an Ihrem Körper ganz besonders gern?
- Welche Stärken hat Ihr Körper?
- Welche Schwachstellen hat Ihr Körper?
- Wie können Sie Ihren Körper nutzen, um Ihr Ziel zu erreichen?
- Wobei können Sie sich richtig auspowern und gefahrlos an Ihre körperlichen Grenzen gehen?
- Wo und wie entspannen Sie sich?
- Was wäre in dieser Situation eine Probe für Ihren Körper und Ihre Gesundheit?
- Welche eigenen oder fremden körperlichen Eigenschaften könnten in dieser Situation für Sie eine Ressource darstellen?
- Benennen Sie drei Dinge in Ihrem Leben, die Sie lassen sollten, um gesünder und kräftiger zu sein.
- Benennen Sie drei Dinge in Ihrem Leben, die Sie tun sollten, um gesünder und kräftiger zu sein.

PERSÖNLICHKEITSANTEILE – FRAGEN

PERSÖNLICHKEITSANTEILE – FRAGEN

PERSÖNLICHKEITSANTEILE – FRAGEN

PERSÖNLICHKEITSANTEILE – FRAGEN

BEHÜTETE

ARCHETYPEN VON HELDINNEN UND HELDEN – BILDER

ARCHETYPEN VON HELDINNEN UND HELDEN – BILDER

ARCHETYPEN VON HELDINNEN UND HELDEN – BILDER

ARCHETYPEN VON HELDINNEN UND HELDEN – BILDER

VERLETZTE

ARCHETYPEN VON HELDINNEN UND HELDEN – BILDER

ARCHETYPEN VON HELDINNEN UND HELDEN – BILDER

ARCHETYPEN VON HELDINNEN UND HELDEN – BILDER

ARCHETYPEN VON HELDINNEN UND HELDEN – BILDER

# VERLETZTE

| **Beispiele für alternative und konkretisierende Bezeichnungen** | **Ziele und Bedürfnisse** |
|---|---|
| Ausgestoßener, Flüchtende, Vertriebener, Verbannte, Opfer, Überlebende, Sklave, Bettlerin, Underdog | Schutz vor erneuter Verletzung, Sicherstellung der eigenen Versorgung |
| **Reaktion auf Probleme** | |
| Zynismus, Sarkasmus, Verteidigung, Flucht, Sich-Verstecken, Selbstanklage oder Beschuldigung anderer | |
| **Gaben**<br>(das Licht) | **Sorge**<br>(der Schatten) |
| Unabhängigkeit, Selbstwirksamkeit, Selbstschutz, Selbstversorgung | Verlust, Verletzung, Ausbeutung, Viktimisierung, Verlassenwerden, Betrug, Diskriminierung |
| **Übertreibung der Gaben**<br>(der Schatten im Licht) | **Entwicklungsaufgaben**<br>(das Licht im Schatten) |
| Egoismus, Misanthropie, Ausnutzen der Opferrolle zur Manipulation, Skeptizismus, Pessimismus, Masochismus oder Sadismus | Offenheit, Vertrauen, Bindung, eigene Verletzlichkeit zeigen, sich in die Hände anderer begeben |
| **Beispiele für interessante Verbindungen zwischen Archetypen:** | |
| die verletzte Kritikerin, der verletzte Herrscher | |

**Mögliche Fragen bei der Arbeit mit inneren Anteilen und Ego-States:**

- Welche Ihrer inneren Anteile sind aus früheren Verletzungen entstanden?
- Wo in Ihrem Körper spüren Sie es am ehesten, wenn Sie verletzt werden oder eine Verletzung droht?
- Wer aus Ihrem inneren Team kommt zu Vorschein, wenn Sie verletzt werden?
- Welche alten Wunden tragen Sie mit sich?
- Wer in Ihrem Umfeld hat eine Verletzung zu verarbeiten?

ARCHETYPEN VON HELDINNEN UND HELDEN – FRAGEN

ARCHETYPEN VON HELDINNEN UND HELDEN – FRAGEN
ARCHETYPEN VON HELDINNEN UND HELDEN – FRAGEN
ARCHETYPEN VON HELDINNEN UND HELDEN – FRAGEN

BEHÜTERINNEN UND BEHÜTER

ARCHETYPEN VON HELDINNEN UND HELDEN – BILDER

ARCHETYPEN VON HELDINNEN UND HELDEN – BILDER
ARCHETYPEN VON HELDINNEN UND HELDEN – BILDER
ARCHETYPEN VON HELDINNEN UND HELDEN – BILDER

## BEHÜTERINNEN UND BEHÜTER

| Beispiele für alternative und konkretisierende Bezeichnungen | Ziele und Bedürfnisse |
|---|---|
| Schützerin, Pfleger, Ernährerin, Vater, Mutter, Gastgeber, Umsorgerin, Diener, Samariterin | Schutz geben, Verantwortungsübernahme für andere, anderen helfen, Helfen bei Hilflosigkeit anderer |
| **Reaktion auf Probleme** | |
| andere umsorgen, für andere Einstehen | |
| **Gaben** (das Licht) | **Sorge** (der Schatten) |
| Mitgefühl, Großzügigkeit, Empathie, Hilfsbereitschaft | Selbstsucht, Unachtsamkeit, Egoismus |
| **Übertreibung der Gaben** (der Schatten im Licht) | **Entwicklungsaufgaben** (das Licht im Schatten) |
| Märtyrertum, Überfürsorglichkeit, Überbehütung, Bedrängung, Helfersyndrom, Selbstausbeutung, Ja-Sagerei | Helfen ohne zu Bevormunden, Eigenständigkeit und Ablösung anderer aushalten, Selbstfürsorge, Nein sagen |
| **Beispiele für interessante Verbindungen zwischen Archetypen:** | |
| die rebellische Behüterin, der närrische Behüter | |

**Mögliche Fragen bei der Arbeit mit inneren Anteilen und Ego-States:**

- Wer aus Ihrem inneren Team kümmert sich um andere?
- Welche Ego-States sind für Ihre Selbstfürsorge zuständig?
- Was tun Sie, um es sich selbst gut gehen zu lassen?
- In welchen Situationen fühlen Sie sich für andere zuständig? Welche inneren Anteile kommen dann zum Vorschein?
- Zu wem gehen Sie, wenn Sie selbst die Fürsorge anderer Personen benötigen?

ARCHETYPEN VON HELDINNEN UND HELDEN – FRAGEN

ARCHETYPEN VON HELDINNEN UND HELDEN – FRAGEN

ARCHETYPEN VON HELDINNEN UND HELDEN – FRAGEN

ARCHETYPEN VON HELDINNEN UND HELDEN – FRAGEN

ARCHETYPEN VON HELDINNEN UND HELDEN – BILDER

ARCHETYPEN VON HELDINNEN UND HELDEN – BILDER
ARCHETYPEN VON HELDINNEN UND HELDEN – BILDER
ARCHETYPEN VON HELDINNEN UND HELDEN – BILDER

# KRIEGERINNEN UND KRIEGER

| Beispiele für alternative und konkretisierende Bezeichnungen | Ziele und Bedürfnisse |
|---|---|
| Anwältin, Beschützer, Verteidigerin, Retter, Bodyguard, Athletin, Konkurrent, Walküre, Eroberer, Ritterin, Märtyrer | Beschützen, Verteidigen, Erobern, Konfrontieren, Herausfordern, Erfolg haben |
| **Reaktion auf Probleme** | |
| Verteidigung, Angriff | |
| **Gaben** (das Licht) | **Sorge** (der Schatten) |
| Mut, Disziplin, Engagement, Durchsetzungsvermögen | Schwäche, Erstarrung, Impotenz, Unbeholfenheit |
| **Übertreibung der Gaben** (der Schatten im Licht) | **Entwicklungsaufgaben** (das Licht im Schatten) |
| Rücksichtslosigkeit, Undiszipliniertheit, Gewinnsucht | Kooperationsfähigkeit, Kompromissfähigkeit, Diplomatie, Geduld, Abwarten |
| **Beispiele für interessante Verbindungen zwischen Archetypen:** | |
| die weise Kriegerin, der schöpferische Krieger | |

**Mögliche Fragen bei der Arbeit mit inneren Anteilen und Ego-States:**

- Welche Ihrer Ego-States haben ein kriegerisches Auftreten?
- Wie agieren Sie, wenn Sie als edle Ritterin oder edler Ritter auftreten?
- Wofür würden Sie kämpfen, auch wenn Sie dabei verletzt werden könnten?
- Welche Rüstung oder Schutzschicht oder welches dicke Fell haben Sie?
- Welche kämpferischen oder kriegerischen Personen gibt es in Ihrem Umfeld?

ARCHETYPEN VON HELDINNEN UND HELDEN – FRAGEN

ARCHETYPEN VON HELDINNEN UND HELDEN – FRAGEN
ARCHETYPEN VON HELDINNEN UND HELDEN – FRAGEN
ARCHETYPEN VON HELDINNEN UND HELDEN – FRAGEN

LIEBHABERINNEN UND LIEBHABER

ARCHETYPEN VON HELDINNEN UND HELDEN – BILDER

ARCHETYPEN VON HELDINNEN UND HELDEN – BILDER

ARCHETYPEN VON HELDINNEN UND HELDEN – BILDER

ARCHETYPEN VON HELDINNEN UND HELDEN – BILDER

# LIEBHABERINNEN UND LIEBHABER

| Beispiele für alternative und konkretisierende Bezeichnungen | Ziele und Bedürfnisse |
|---|---|
| Gefährtin, Partner, Geliebte, Fan, Anhänger, Liebhaberin, Romantiker, Sammlerin | Verbundenheit, Vertrautheit, Wonne, Lustgewinn, Neugier, Verliebtheit, Begeisterung, Hingabe |
| **Reaktion auf Probleme** | |
| Sichern, Halten, Bewahren | |
| **Gaben** (das Licht) | **Sorge** (der Schatten) |
| Engagement, Passion, Hingabe, Ekstase | Verlust, Trennung, Distanziertheit |
| **Übertreibung der Gaben** (der Schatten im Licht) | **Entwicklungsaufgaben** (das Licht im Schatten) |
| Eifersucht, Neid, Fixierung, Abhängigkeit, Besitzgier | Distanz, Selbstkontrolle, Bedürfnisaufschub, Loslassen |
| **Beispiele für interessante Verbindungen zwischen Archetypen:** | |
| die weise Liebhaberin, der liebende Kritiker | |

**Mögliche Fragen bei der Arbeit mit inneren Anteilen und Ego-States:**

- Wer oder was lässt Ihr Herz höher schlagen?
- Nach wem oder was haben Sie eine große Sehnsucht?
- Wobei oder bei wem können Sie sich ganz hingeben?
- Was sammeln Sie?
- Welche verliebten und enthusiastischen inneren Anteile gibt es in Ihnen?

ARCHETYPEN VON HELDINNEN UND HELDEN – FRAGEN

ARCHETYPEN VON HELDINNEN UND HELDEN – FRAGEN

ARCHETYPEN VON HELDINNEN UND HELDEN – FRAGEN

ARCHETYPEN VON HELDINNEN UND HELDEN – FRAGEN

SUCHENDE

ARCHETYPEN VON HELDINNEN UND HELDEN – BILDER

ARCHETYPEN VON HELDINNEN UND HELDEN – BILDER

ARCHETYPEN VON HELDINNEN UND HELDEN – BILDER

ARCHETYPEN VON HELDINNEN UND HELDEN – BILDER

# SUCHENDE

| Beispiele für alternative und konkretisierende Bezeichnungen | Ziele und Bedürfnisse |
|---|---|
| Abenteurerin, Reisender, Schatzsucherin, Entdecker, Pfadfinderin, Wanderer, Globetrotter, Detektivin, Träumer, Rechercheurin | Abwechslung, Erlebnisse, ein besserer Weg oder ein besseres Leben, Neugier, Attraktion, Nutzen des Zufalls oder einer günstigen Gelegenheit |
| **Reaktion auf Probleme** | |
| Verlassen, Fliehen, Weiterziehen | |
| **Gaben** (das Licht) | **Sorge** (der Schatten) |
| Autonomie, Ambition, Entdeckungsfreude, Freiheitsliebe | Langeweile, Konformität, Einengung, Erstarrung |
| **Übertreibung der Gaben** (der Schatten im Licht) | **Entwicklungsaufgaben** (das Licht im Schatten) |
| Rastlosigkeit, Unzufriedenheit, Bindungsunfähigkeit, Unbeständigkeit | Vertrauen in das Bestehende, Leben im Hier und Jetzt, Zugehörigkeit, Festhalten |
| **Beispiele für interessante Verbindungen zwischen Archetypen:** | |
| die suchende Herrscherin, der schöpferische Suchende | |

**Mögliche Fragen bei der Arbeit mit inneren Anteilen und Ego-States:**

- Nach welchen Dingen, Orten, Tätigkeiten, Erfahrungen oder Personen, die Sie noch nicht gefunden haben, haben Sie Sehnsucht?
- Welche Dinge, Orte, Tätigkeiten, Erfahrungen oder Personen, die Sie bereits gefunden haben, langweilen Sie?
- Welche Dinge, Orte, Tätigkeiten, Erfahrungen oder Personen haben Sie hinter sich gelassen und bereuen es heute?
- Welche Ego-States treiben Sie an, nach Neuem Ausschau zu halten?
- Welche Ihrer inneren Anteile sind schnell gelangweilt?

ARCHETYPEN VON HELDINNEN UND HELDEN – FRAGEN

ARCHETYPEN VON HELDINNEN UND HELDEN – FRAGEN

ARCHETYPEN VON HELDINNEN UND HELDEN – FRAGEN

ARCHETYPEN VON HELDINNEN UND HELDEN – FRAGEN

SCHÖPFERINNEN UND SCHÖPFER

ARCHETYPEN VON HELDINNEN UND HELDEN – BILDER

ARCHETYPEN VON HELDINNEN UND HELDEN – BILDER

ARCHETYPEN VON HELDINNEN UND HELDEN – BILDER

ARCHETYPEN VON HELDINNEN UND HELDEN – BILDER

## SCHÖPFERINNEN UND SCHÖPFER

| Beispiele für alternative und konkretisierende Bezeichnungen | Ziele und Bedürfnisse |
|---|---|
| Künstlerin, Kreativer, Visionärin, Geschichtenerzähler, Macherin, Musiker, Autorin, Poet, Erfinderin, Bastler, Innovatorin, Pionier, Ingenieurin, Schmied, Gärtnerin | Erschaffen von Modellen, Theorien, Kunst, Dingen und Leben; Visionen, Tagträume, Bilder, Inspiration, Eingebung |
| **Reaktion auf Probleme** | |
| Gestalten, Verändern, Erbauen, Erfinden, Handeln | |
| **Gaben** (das Licht) | **Sorge** (der Schatten) |
| Kreativität, Identifikation, Berufung, Geschick | Unauthentizität, schlechte Arbeitsergebnisse, Ideenlosigkeit, Unproduktivität |
| **Übertreibung der Gaben** (der Schatten im Licht) | **Entwicklungsaufgaben** (das Licht im Schatten) |
| Obsession, Pedanterie, Arbeitssucht, blinder Aktionismus | Selbsterkundung, Persönlichkeitsentwicklung, den Blick nach innen wenden, Nichtstun |
| **Beispiele für interessante Verbindungen zwischen Archetypen:** | |
| die schöpferische Närrin, der strategische Schöpfer | |

**Mögliche Fragen bei der Arbeit mit inneren Anteilen und Ego-States:**

- Welche Ihrer inneren Anteile sind kreativ, schöpferisch und produktiv?
- Was erschaffen Sie oder stellen Sie her?
- Wenn es eine Galerie mit zehn Bildern oder Gegenständen gäbe, die zeigt, was Sie bisher geschaffen haben, was würde man zu sehen bekommen?
- Wo in Ihrem Körper liegt ihre schöpferische Energie?
- Wen bewundern Sie für ihr oder sein Schaffen und für die Ergebnisse, die daraus entstehen?

ARCHETYPEN VON HELDINNEN UND HELDEN – FRAGEN

ARCHETYPEN VON HELDINNEN UND HELDEN – FRAGEN

ARCHETYPEN VON HELDINNEN UND HELDEN – FRAGEN

ARCHETYPEN VON HELDINNEN UND HELDEN – FRAGEN

NOT MY
REVOLUTION
REBELLINNEN UND REBELLEN

ARCHETYPEN VON HELDINNEN UND HELDEN – BILDER

ARCHETYPEN VON HELDINNEN UND HELDEN – BILDER

ARCHETYPEN VON HELDINNEN UND HELDEN – BILDER

ARCHETYPEN VON HELDINNEN UND HELDEN – BILDER

## REBELLINNEN UND REBELLEN

| **Beispiele für alternative und konkretisierende Bezeichnungen** | **Ziele und Bedürfnisse** |
|---|---|
| Zerstörerin, Punk, Saboteurin, Untergrundkämpfer, Guerillera, Aufständischer, Provokateurin, Anti-...-Aktivist, Befreierin, Bully, Rächerin, Häretiker, Exorzistin, Fatalist, Widerstandskämpferin, Revolutionärin | Gerechtigkeit und Teilhaben; Eindämmung und Beendigung von Schmerz, Leid, Verlust, Ungerechtigkeit, Unterdrückung |
| **Reaktion auf Probleme** | |
| Boykottieren, Demonstrieren, Blockieren, Sabotieren, Zerstören | |
| **Gaben** (das Licht) | **Sorge** (der Schatten) |
| Gerechtigkeitssinn, Energie, Effizienz, Fokussierung | Stagnation, Verlust, Unterordnung, Fortbestehen von Unrecht |
| **Übertreibung der Gaben** (der Schatten im Licht) | **Entwicklungsaufgaben** (das Licht im Schatten) |
| Zerstörung, Rachsucht, Selbstzerstörung | Loslassen, Akzeptanz, Gelassenheit, Demut, Für- statt Gegen-etwas-Sein |
| **Beispiele für interessante Verbindungen zwischen Archetypen:** | |
| die behütete Rebellin, der schöpferische Rebell | |

**Mögliche Fragen bei der Arbeit mit inneren Anteilen und Ego-States:**

- Wogegen gehen Sie auf die Barrikaden?
- Welche Ihrer inneren Anteile sind rebellisch, widerständig und provokativ?
- Was würden Sie gern zerstören?
- Wofür oder wogegen würden Sie eine Demo organisieren und welche Slogans wäre auf den Spruchbändern und Schildern zu lesen?
- Welche Formen der heimlichen Rebellion oder Sabotage haben Sie in Ihrem Repertoire?

ARCHETYPEN VON HELDINNEN UND HELDEN – FRAGEN

ARCHETYPEN VON HELDINNEN UND HELDEN – FRAGEN

ARCHETYPEN VON HELDINNEN UND HELDEN – FRAGEN

ARCHETYPEN VON HELDINNEN UND HELDEN – FRAGEN

STRATEGINNEN UND STRATEGEN

ARCHETYPEN VON HELDINNEN UND HELDEN – BILDER

ARCHETYPEN VON HELDINNEN UND HELDEN – BILDER

ARCHETYPEN VON HELDINNEN UND HELDEN – BILDER

ARCHETYPEN VON HELDINNEN UND HELDEN – BILDER

# STRATEGINNEN UND STRATEGEN

| Beispiele für alternative und konkretisierende Bezeichnungen | Ziele und Bedürfnisse |
|---|---|
| Generalin, Planer, Kartografin, Projektmanager, Diplomatin, Unterhändler, Architektir | geregelte Abläufe, Effizienz, Zielerreichung |
| **Reaktion auf Probleme** | |
| Planen, Koordinieren | |
| **Gaben** (das Licht) | **Sorge** (der Schatten) |
| Logik, Strategie, Ordnung, Abläufe gestalten | Planlosigkeit, Unkoordiniertheit, Ineffizienz, Unordnung, Planlosigkeit |
| **Übertreibung der Gaben** (der Schatten im Licht) | **Entwicklungsaufgaben** (das Licht im Schatten) |
| Planungs- und Detailversessenheit, Grübelei, Anweisungen erteilen | zupacken und machen, sich auf Unwägbares und Unvorhersehbare einlassen, dem Zufall vertrauen, im Hier und Jetzt sein |
| **Beispiele für interessante Verbindungen zwischen Archetypen:** | |
| die strategische Rebellin, der strategische Magier | |

**Mögliche Fragen bei der Arbeit mit inneren Anteilen und Ego-States:**

- Wer aus Ihrem inneren Team übernimmt die Planung, wenn es darum geht, etwas zu erreichen?
- Wie genau gehen Sie vor, wenn Sie etwas planen?
- An welche Situationen können Sie sich erinnern, in denen Ihnen ein cleverer Schachzug gelungen ist?
- Wann ist eine Ihrer Strategien nicht aufgegangen? Und was haben Sie daraus gelernt?
- Wen in Ihrem Umfeld würden Sie um Rat bitten, wenn es darum geht, eine strategische Entscheidung zu treffen?

ARCHETYPEN VON HELDINNEN UND HELDEN – FRAGEN

ARCHETYPEN VON HELDINNEN UND HELDEN – FRAGEN

ARCHETYPEN VON HELDINNEN UND HELDEN – FRAGEN

ARCHETYPEN VON HELDINNEN UND HELDEN – FRAGEN

KRITIKERINNEN UND KRITIKER

ARCHETYPEN VON HELDINNEN UND HELDEN – BILDER

ARCHETYPEN VON HELDINNEN UND HELDEN – BILDER

ARCHETYPEN VON HELDINNEN UND HELDEN – BILDER

ARCHETYPEN VON HELDINNEN UND HELDEN – BILDER

# KRITIKERINNEN UND KRITIKER

<table>
<tr><th>Beispiele für alternative und konkretisierende Bezeichnungen</th><th>Ziele und Bedürfnisse</th></tr>
<tr><td>Verbesserer, Ermahnerin, Richter;<br>Restaurant-, Mode-, Literaturkritikerin;<br>Zensor, Prüferin, Gutachter, Nörglerin</td><td>Perfektion, Expertise, Rangfolgen, Werteklarheit</td></tr>
<tr><th colspan="2">Reaktion auf Probleme</th></tr>
<tr><td colspan="2">Ehrlichkeit, Klarheit, Probleme erkennen, Analysieren</td></tr>
<tr><th>Gaben<br>(das Licht)</th><th>Sorge<br>(der Schatten)</th></tr>
<tr><td>Schwachstellen finden, den Finger in die Wunde legen, zielgerichtete Fragen stellen, analytischer Verstand, Detailverliebtheit</td><td>Gleichgültigkeit, Banalität, Unvollkommenheit, Mängel, Schlampigkeit, Fehler</td></tr>
<tr><th>Übertreibung der Gaben<br>(der Schatten im Licht)</th><th>Entwicklungsaufgaben<br>(das Licht im Schatten)</th></tr>
<tr><td>Nörgelei, Sarkasmus, Zynismus, das Haar in der Suppe suchen, Detailversessenheit</td><td>Wertschätzung, Balance von Achtung und Kritik,<br>Lösungs- und Ressourcenorientierung,<br>Fünfe gerade sein lassen</td></tr>
<tr><th colspan="2">Beispiele für interessante Verbindungen zwischen Archetypen:</th></tr>
<tr><td colspan="2">die kritische Liebhaberin, der kritische Narr</td></tr>
</table>

**Mögliche Fragen bei der Arbeit mit inneren Anteilen und Ego-States:**

- Welche Ihrer inneren Stimmen bewertet Sie und Ihr Handeln?
- Welche Ihrer inneren Stimmen bewertet andere und deren Handeln?
- Was müssten innere Nörgler und Abwerterinnen lernen, um wertschätzend und zielführend Kritik zu üben?
- Wie reagieren andere auf Ihre Kritik und wie reagieren Sie auf die Kritik anderer?
- Verwenden Sie für Bewertungen ein inneres Sterne-, Punkte- oder Benotungssystem? Wie sieht dieses aus?

ARCHETYPEN VON HELDINNEN UND HELDEN – FRAGEN

ARCHETYPEN VON HELDINNEN UND HELDEN – FRAGEN
ARCHETYPEN VON HELDINNEN UND HELDEN – FRAGEN
ARCHETYPEN VON HELDINNEN UND HELDEN – FRAGEN

WEISE

ARCHETYPEN VON HELDINNEN UND HELDEN – BILDER

ARCHETYPEN VON HELDINNEN UND HELDEN – BILDER

ARCHETYPEN VON HELDINNEN UND HELDEN – BILDER

ARCHETYPEN VON HELDINNEN UND HELDEN – BILDER

## WEISE

| Beispiele für alternative und konkretisierende Bezeichnungen | Ziele und Bedürfnisse |
|---|---|
| Philosophin, Lehrer, Wissende, Schlaufuchs, Professorin, Mediator, Richterin, Einsiedler | Klarheit, Wahrheit, Wissen, Verstehen |
| **Reaktion auf Probleme** | |
| Studieren, Verstehen, Analysieren, Transzendieren | |
| **Gaben** (das Licht) | **Sorge** (der Schatten) |
| Weisheit, Unabhängigkeit, Skepsis, Relativismus | Täuschung, Lüge, Unwissenheit |
| **Übertreibung der Gaben** (der Schatten im Licht) | **Entwicklungsaufgaben** (das Licht im Schatten) |
| Kritizismus, Überheblichkeit, Absonderung, Besserwisserei, Askese | Fehlertoleranz, Wertschätzung, Beziehung, Sinnlichkeit |
| **Beispiele für interessante Verbindungen zwischen Archetypen:** | |
| die närrische Weise, der weise Schöpfer | |

**Mögliche Fragen bei der Arbeit mit inneren Anteilen und Ego-States:**

- Welche gelehrten und weisen Ego-States gehören zu Ihrer Persönlichkeit?
- Nennen Sie fünf Weisheiten, die Ihr Leben bestimmen.
- Wer waren oder sind Ihre wichtigsten Lehrerinnen und Lehrer?
- Wie gehen Sie vor, wenn Sie Wissen über etwas erlangen möchten?
- Wie bewahren Sie Ihr Wissen und wie geben Sie es weiter?

ARCHETYPEN VON HELDINNEN UND HELDEN – FRAGEN

ARCHETYPEN VON HELDINNEN UND HELDEN – FRAGEN

ARCHETYPEN VON HELDINNEN UND HELDEN – FRAGEN

ARCHETYPEN VON HELDINNEN UND HELDEN – FRAGEN

HERRSCHERINNEN UND HERRSCHER

ARCHETYPEN VON HELDINNEN UND HELDEN – BILDER

ARCHETYPEN VON HELDINNEN UND HELDEN – BILDER

ARCHETYPEN VON HELDINNEN UND HELDEN – BILDER

ARCHETYPEN VON HELDINNEN UND HELDEN – BILDER

# HERRSCHERINNEN UND HERRSCHER

| Beispiele für alternative und konkretisierende Bezeichnungen | Ziele und Bedürfnisse |
| --- | --- |
| Kontrolleur, Managerin, Führungskraft, Entscheiderin, Minister, Königin, Vorsitzender, Bestimmerin | ein harmonisches, gedeihendes Königreich bzw. Leben; ein sicheres Heim, eine funktionierende Familie oder Gemeinschaft |
| **Reaktion auf Probleme** | |
| Sicherung von Ressourcen, Verteidigung der Grenzen | |
| **Gaben** (das Licht) | **Sorge** (der Schatten) |
| Souveränität, Verantwortungsgefühl, Ressourcenhoheit | Chaos, Armut, Kontrollverlust, Machtverlust, Besitzverlust |
| **Übertreibung der Gaben** (der Schatten im Licht) | **Entwicklungsaufgaben** (das Licht im Schatten) |
| Starrheit, Kontrolle, Tyrannei, Manipulation, Geiz | Verantwortung teilen, loslassen, sich zurücknehmen, Verzicht |
| **Beispiele für interessante Verbindungen zwischen Archetypen:** | |
| die herrschende Kritikerin, der behütete Herrscher | |

**Mögliche Fragen bei der Arbeit mit inneren Anteilen und Ego-States:**

- Wer aus Ihrem inneren Team wacht über Ihre Ressourcen?
- Welche Schätze und Ländereien haben Sie bisher in Ihrem Leben erlangt?
- Welche Schätze und Ländereien haben Sie bisher in Ihrem Leben hergegeben oder verloren?
- Wie bewahren und vermehren Sie Ihren ideellen oder materiellen Reichtum?
- Welche Untertanen oder Schützlinge gibt es in Ihrem Königreich?

ARCHETYPEN VON HELDINNEN UND HELDEN – FRAGEN

ARCHETYPEN VON HELDINNEN UND HELDEN – FRAGEN
ARCHETYPEN VON HELDINNEN UND HELDEN – FRAGEN
ARCHETYPEN VON HELDINNEN UND HELDEN – FRAGEN

MAGIERINNEN UND MAGIER

ARCHETYPEN VON HELDINNEN UND HELDEN – BILDER

ARCHETYPEN VON HELDINNEN UND HELDEN – BILDER

ARCHETYPEN VON HELDINNEN UND HELDEN – BILDER

ARCHETYPEN VON HELDINNEN UND HELDEN – BILDER

# MAGIERINNEN UND MAGIER

| Beispiele für alternative und konkretisierende Bezeichnungen | Ziele und Bedürfnisse |
|---|---|
| Hexe, Zauberer, Charismatikerin, Diva, Taschenspieler, Netzwerkerin, Puppenspieler, Manipulatorin, Heiler, Schamanin, Messias, Mystikerin, Alchemist, Erweckerin, Verführer, Sirene | Gestaltungsräume, Verwandlung, Gesehenwerden, andere begeistern |
| **Reaktion auf Probleme** | |
| sich selbst und andere begeistern, transformieren oder heilen | |
| **Gaben** (das Licht) | **Sorge** (der Schatten) |
| Charisma, Kommunikation, Empathie, Führung | übersehen werden, Wirkungslosigkeit |
| **Übertreibung der Gaben** (der Schatten im Licht) | **Entwicklungsaufgaben** (das Licht im Schatten) |
| Überheblichkeit, Ausnutzen, Verführen, Manipulation | anderen folgen, Kontrolle abgeben, Bescheidenheit |
| **Beispiele für interessante Verbindungen zwischen Archetypen:** | |
| die magische Behüterin, der magische Kritiker | |

**Mögliche Fragen bei der Arbeit mit inneren Anteilen und Ego-States:**

- Welcher Ihrer inneren Anteile kann andere bezaubern und verblüffen?
- Welche charismatischen Charaktere gibt es in Ihrem inneren Team?
- Beschreiben Sie magische Momente, die Sie bereits erlebt haben.
- Mit welcher Magie gelingt es Ihrer inneren Heilerin oder Ihrem inneren Heiler, etwas Kaputtes oder Verletztes zu heilen?
- Welche Personen gibt es, deren Magie oder Ausstrahlung Sie erlegen sind?

ARCHETYPEN VON HELDINNEN UND HELDEN – FRAGEN

ARCHETYPEN VON HELDINNEN UND HELDEN – FRAGEN

ARCHETYPEN VON HELDINNEN UND HELDEN – FRAGEN

ARCHETYPEN VON HELDINNEN UND HELDEN – FRAGEN

NÄRRINNEN UND NARREN

ARCHETYPEN VON HELDINNEN UND HELDEN – BILDER

ARCHETYPEN VON HELDINNEN UND HELDEN – BILDER
ARCHETYPEN VON HELDINNEN UND HELDEN – BILDER
ARCHETYPEN VON HELDINNEN UND HELDEN – BILDER

## ⬡ NÄRRINNEN UND NARREN

<table>
<tr><th>Beispiele für alternative und konkretisierende Bezeichnungen</th><th>Ziele und Bedürfnisse</th></tr>
<tr><td>Clown, Hedonistin, Lebemensch, Genussmensch, Genusssüchtiger, Spielerin, Spitzbube, Exzentrikerin, Freigeist</td><td>Lust auf Erleben, günstige Gelegenheiten Vergnügen, Freude, Lebendigkeit</td></tr>
<tr><th colspan="2">Reaktion auf Probleme</th></tr>
<tr><td colspan="2">Spielen, Tricksen, Späßemachen, Leben im Hier und Jetzt</td></tr>
<tr><th>Gaben<br>(das Licht)</th><th>Sorge<br>(der Schatten)</th></tr>
<tr><td>Freude, Freiheit, Freizügigkeit, Spontaneität, Impulsivität</td><td>Erstarrung, Langeweile, Leblosigkeit</td></tr>
<tr><th>Übertreibung der Gaben<br>(der Schatten im Licht)</th><th>Entwicklungsaufgaben<br>(das Licht im Schatten)</th></tr>
<tr><td>Zügellosigkeit, Trägheit, Völlerei, Verantwortungslosigkeit, Launenhaftigkeit, Bindungslosigkeit</td><td>Verbindlichkeit, Genügsamkeit, Geduld</td></tr>
<tr><th colspan="2">Beispiele für interessante Verbindungen zwischen Archetypen:</th></tr>
<tr><td colspan="2">die närrische Schöpferin, der strategische Narr</td></tr>
</table>

**Mögliche Fragen bei der Arbeit mit inneren Anteilen und Ego-States:**

- Welche Ihrer inneren Anteile leben ausschließlich nach dem Lustprinzip?
- Welche lustige, humorvolle oder spaßige Seite gibt es an Ihnen?
- Wer bringt Sie immer wieder zum Lachen? Und wie genau gelingt das?
- In welchen Situationen konnten Sie sich bisher ganz dem Hier und Jetzt hingeben?
- Wie sieht es aus, wenn Sie völlig hemmungslos über die Stränge schlagen?

ARCHETYPEN VON HELDINNEN UND HELDEN – FRAGEN

ARCHETYPEN VON HELDINNEN UND HELDEN – FRAGEN
ARCHETYPEN VON HELDINNEN UND HELDEN – FRAGEN
ARCHETYPEN VON HELDINNEN UND HELDEN – FRAGEN